THOMAS ERLE

Freiburg und die Regio *für Kenner*

THOMAS ERLE

Freiburg und die Regio *für Kenner*

BÄCHLE, BERTOLD, BUNTSANDSTEIN

GMEINER

KULTUR

Alle Bilder im Band stammen vom Autor Thomas Erle.

Autoren und Verlag haben alle Informationen geprüft. Gleichwohl wissen wir, dass sich Gegebenheiten im Verlauf der Zeit ändern, daher erfolgen alle Angaben ohne Gewähr. Sollten Sie Feedback haben, bitte schreiben Sie uns! Über Ihre Rückmeldung zum Buch freuen sich Autor und Verlag: lieblingsplaetze@gmeiner-verlag.de

Besuchen Sie uns im Internet:
www.gmeiner-verlag.de

© 2015 – Gmeiner-Verlag GmbH
Im Ehnried 5, 88605 Meßkirch
Telefon 07575/2095-0
info@gmeiner-verlag.de
Alle Rechte vorbehalten
1. Auflage 2015

Lektorat/Korrektorat: Claudia Reinert
Satz: Julia Franze
Bildbearbeitung/Umschlaggestaltung: Alexander Somogyi
unter Verwendung eines Fotos von Thomas Erle
Kartendesign: Mirjam Hecht
Druck: AZ Druck und Datentechnik GmbH, Kempten
Printed in Germany
ISBN 978-3-8392-1704-7

FREIBURG – DIE INNENSTADT
Die Altstadt rund um das Münster

FREIBURG – DIE STADTTEILE
An der Peripherie

DER OSTEN
In den Schwarzwald

DER NORDWESTEN
Kaiserstuhl und Rhein

DER NORDOSTEN
Emmendingen und das Elztal

DER SÜDEN
Der Sonne entgegen

FREIBURG LÄDT EIN

Vorwort

Freiburg – die einladende Stadt. Dies war mein erster Eindruck. Am Anfang stand der Besuch bei einem Freund, der ein Zimmer in einer damals typischen Altbauwohnung hatte. Er nahm sich viel Zeit, um mich voller Stolz durch seine Stadt zu führen. Wir schlenderten über den Marktplatz, stiegen den schwindelerregenden Treppenaufgang zum Glockengestühl des Münsters empor, stärkten uns mit einer »Langen Roten« und ließen die Füße vom Fischerbrunnen baumeln. Abends trafen wir uns mit Freunden am Dreisamufer, genossen das milde Wetter und den guten Wein. Ich fühlte mich zu Hause. Als ich nach ein paar Tagen abreisen musste, wusste ich, dass ich wiederkommen würde.

Damals wie heute verkörpert die Stadt an der Dreisam wie kaum ein anderer Ort ein besonderes Savoir-vivre. Auf den Straßen und Plätzen pulsiert das Leben. Es gibt Musik- und Literaturfestivals, studentisches Leben und eine reiche Theater- und Clubszene. Der Münstermarkt unter dem »schönsten Turm der Christenheit« lädt täglich aufs Neue zu einem Fest für alle Sinne. Und wer Glück hat, wird den Bundestrainer in seinem Lieblingscafé treffen.

Das Selbstbewusstsein der Freiburger schlägt sich nicht nur im Namen der Stadt nieder: 1386 kauften sich die Bürger für 15.000 Silbermark von ihren ungeliebten Herrschern los und unterstellten sich den Habsburgern – freiwillig! Heute ist es der souveräne Umgang mit scheinbaren Gegensätzen. Fortschritt und gesunder Konservatismus müssen sich nicht ausschließen, im Gegenteil. Unter Deutschlands erstem grünen Oberbürgermeister einer Großstadt wurden bei der Erforschung und Nutzbarmachung der Solarenergie Ideale konkret und führten zur innovativen Gestaltung ganzer Stadtteile.

Die Nähe zu den Nachbarländern ist spürbar und bereichernd. Wer möchte, ist in einer halben Stunde in Basel oder im Elsass, mit dem TGV gelangt man in gut drei Stunden nach Paris. Kulturellen und kulinarischen Einflüssen begegnet man auf Schritt und Tritt, nicht zuletzt durch das Erbe der Habsburger. Schließlich gehörte Freiburg bis Anfang des 19. Jahrhunderts zu Vorderösterreich.

Freiburg steht in enger Beziehung zu seinem Umland, von den Einheimischen gerne Regio genannt (ohne -n!). Der Kaiserstuhl, ein ehemaliger Vulkan, gilt nicht nur als wärmste Gegend sondern auch als größter Weinberg Deutschlands. Der nördliche Breisgau wird geprägt durch die alte Markgrafenstadt Emmendingen, das Elztal und den Kandel, den mystischen Hexenberg. Der Süden lässt über das Markgräflerland bereits zeitig im Frühjahr den Hauch Italiens heranwehen. Und natürlich der Osten mit dem Schwarzwald, bis heute ein Ort geheimnisvoller Geschichten und markanter Menschen. Für Urlaub und Erholung bestens geeignet.

Das Schicksal hat es gut mit mir gemeint. Seit etlichen Jahren habe ich das Glück, in dieser Gegend wohnen und leben zu dürfen. Vieles hat sich seit meiner ersten Begegnung verändert. Das Lebendige, Geheimnisvolle und Sympathische ist bis heute geblieben.

Ich freue mich, dass ich mit diesem Buch die Gelegenheit habe, Sie einzuladen, mit mir zusammen die Stadt und das Umland kennen zu lernen. Lassen Sie sich verzaubern von den offenen und verborgenen Schönheiten, erleben Sie Überraschungen und entdecken sie Altbekanntes auf neue Art. Und hören Sie dazu eine Menge Geschichten und Anekdoten aus alter und neuer Zeit. Ein besonderer Service: Fast alle genannten Lieblingsplätze sind außer mit dem Auto mit der Regiokarte erreichbar, einem Tagesticket des Regio-Verkehrsverbunds Freiburg.

Die Fülle der Höhepunkte scheint unerschöpflich. Der Umfang dieses Buches ist es nicht. Über das Martinstor, die historischen Gebäude der Altstadt und natürlich das Münster wurden schon ganze Bücher geschrieben. Hier richtet sich mein Blick auf Details, die weniger bekannt sind. Bis auf wenige Ausnahmen habe ich auch bewusst darauf verzichtet, im kulinarischen Bereich einzelne Orte hervorzuheben. Lassen Sie es auf einen Versuch ankommen! Die Hotel- und Cafébetreiber, Köche und Winzer der Regio werden Sie nicht enttäuschen.

Freiburg und die Regio – willkommen daheim!

FREIBURG – DIE INNENSTADT

SALZ- UND BERTOLDSTRASSE TREFFEN AM BERTOLDSBRUNNEN AUF DIE KAISER-JOSEPH-STRASSE.

IM ZENTRUM DER GRÜNDER

Bertoldsbrunnen

Die Mitte der Stadt – wo ist die eigentlich? Das Münster natürlich, sagen die einen. Die Altstadt, das Stadttheater, an der Dreisam sagen die anderen. Die Freiburger sind sich einig: Es ist der Bertoldsbrunnen.

Der markante Punkt wurde nach dem Gründer Freiburgs vor 900 Jahren benannt. Herzog Bertold stammte aus dem Geschlecht der Zähringer. Deren Stadtgründungen hatten einen typischen Grundriss, der wie in Villingen oder Bern noch heute deutlich zu erkennen ist: Zwei rechtwinklige Straßenzüge teilen das Stadtgebiet in vier Quartiere. Seit dem 15. Jahrhundert stand an dieser Stelle der Fischbrunnen, den während der Marktzeiten die Fischhändler als Becken nutzten. 1806 ging die ehemals vorderösterreichische Stadt an das neu gegründete Großherzogtum Baden über. Zur Erinnerung an die Herzöge von Zähringen wurde Bertold als geharnischter Ritter mit Schild und Speer dargestellt. 1944 fiel der Brunnen dem großen nächtlichen Bombenangriff zum Opfer. Nach dem Krieg finanzierten Spenden den Wiederaufbau des Brunnens. 1965 fand am Jahrestag der Zerstörung die feierliche Einweihung statt. Der Entwurf zu dem abstrakt gehaltenen, in Bronze gegossenen Reiterstandbild auf einem vier Meter hohen Kalksteinsockel lehnte sich an ein mittelalterliches Wappensiegel an.

Auf den historischen Wegen von Nord nach Süd und von Ost nach West kreuzen sich heute die Haupteinkaufsstraßen: Bertold- und Salzstraße sowie die Kaiser-Joseph-Straße (*Kajo*). Alle Straßenbahnlinien treffen hier aufeinander, jeder Punkt der Stadt ist von hier aus erreichbar. Hier verabredet man sich zum gemeinsamen Bummel und trennt sich wieder spät in der Nacht. Nach allen Seiten breitet sich die Fußgängerzone aus, die Altstadt, das Münster, Theater und Kinos sind nur ein paar Schritte entfernt.

Am Bertoldsbrunnen – wir treffen uns!

Die Cafés und Kneipen im »Bermudadreieck« vor dem Martinstor sind tagsüber beliebte Treffs, nachts berühmt-berüchtigtes Zentrum des Freiburger Nachtlebens.

BÄCHLE IN DER KAISER-JOSEPH-STRASSE (KAJO) UND ÜBERALL IN DER ALTSTADT

Gerhard Schröder passierte es 1991 beim Gipfeltreffen mit Chirac. 20 Jahre später landeten anlässlich des Papstbesuchs die Räder von Helmut Kohls Wagen in einem der Freiburger Bächle. Von den beiden Prominenten ist nicht bekannt, dass ihr Missgeschick persönliche Folgen hatte. Bisher. Vielleicht sind sie abgehärtet durch das viele Treten in Fettnäpfchen. Trotzdem. Wer unbeabsichtigt in eines der Bächle tritt, wird eine Freiburgerin heiraten, heißt es. Bis heute weiß man nicht genau, ob dieser Spruch aus dem Volksmund als Wunsch oder Drohung gemeint ist. Vielleicht ist es ein Trick der Stadtverwaltung, die sich in Zeiten des Regulierungswahns Schilder oder Absperrungen spart.

Vor Einführung der Fußgängerzone forderten übereifrige Ortsfremde gar, die Verkehrshindernisse abzudecken. Natürlich ging das gar nicht. Was der Alemanne von Herzen liebt, versieht er gerne mit -le, einer angehängten Verkleinerungsform. Die kleinen Wasserläufe in den Straßen heißen seit jeher Bächle und gehören zur Stadt wie das Münster, die Lange Rote und der Sportclub. Die Idee dazu entstand schon im Mittelalter und war hochmodern: die Lage der Stadt erforderte ein duales Wassersystem. Trinkwasser wurde in eigenen Rohren zu den öffentlichen Brunnen geleitet, für das Brauchwasser entstand ein Netz von künstlichen Rinnsalen, das heute auf 16 Kilometern verteilt ober- und unterirdisch die ganze Stadt durchzieht. Damals Viehtränke, Regenüberlauf, Entsorgung und vor allem Löschwasser. Heute Spielplatz für Kinder mit Schiffchen und Hunde mit heißen Pfoten. Drei hauptamtliche Bächleputzer sorgen für Sauberkeit der lebendigen Adern der Stadt. Pittoresk. Typisch.

Trotzdem gebe ich zu, dass ich in der Nähe eines Bächle immer etwas vorsichtig bin. Vielleicht ist ja doch etwas daran. Schließlich: Was würde meine Frau dazu sagen …?

Das Freiburger Bächleboot – ideales Souvenir in verschiedenen Editionen. Nicht nur für Kinder!

MÜNSTERPLATZ /// 79098 FREIBURG IM BREISGAU ///
WWW.MUENSTERMARKT.FREIBURG.DE ///

»Eine Lange Rote mit, am Stück.« Wer an einer der Bratwurstbuden auf dem Münsterplatz seine Bestellung mit diesen Worten aufgibt, weist sich als Kenner aus. Sie muss mit ihren stolzen 35 Zentimetern links und rechts aus dem Weckle herausragen, nicht etwa halbiert eingequetscht. Das »mit« kennzeichnet die gebratenen Zwiebeln, die es auf Wunsch als Zugabe gibt, und die schon beim Anbraten mit der Wurst für den unvergleichlichen Duft und Geschmack sorgen. Trotz harter Konkurrenz mit Kurzen, Weißen, Thüringern oder neuerdings Tofu bleibt die Lange Rote eine Institution. Meine Erinnerung an die erste Begegnung mit Freiburg zu Studentenzeiten? Auf dem Rand des Fischbrunnens sitzen, die Beine baumeln lassen und genüsslich eine Lange Rote verzehren.

Der Münsterplatz ist heute noch unangefochtener Mittelpunkt im Herzen der Stadt. Die Reihe der historischen Gebäude ringsum ist beeindruckend: vom Historischen Kaufhaus mit seinen Arkaden und reich geschmückten Erkern über die Alte Wache bis zum Kornhaus mit den markanten Giebelstufen. Das Freiburger Stadtmuseum ist hier ebenso zu Hause wie die moderne Bibliothek, dazu Cafés und Restaurants zum gemütlichen Draußensitzen.

Die meisten Besucher verbinden den Münsterplatz mit dem Wochenmarkt. Von Montag bis Samstag kommen Einheimische wie Touristen zum Schauen, Staunen, Fühlen, Schnuppern und Kaufen. Hier ist der Ort und die Zeit für frische Blumen ebenso wie für ein kleines Schwätzchen. Traditionell teilt sich der Markt in zwei Hälften: Die Nordseite ist den Bauern von Kaiserstuhl und Tuniberg, vom Dreisamtal und aus dem Markgräflerland mit Obst und Gemüse vorbehalten. Die Südseite gehört den Händlern mit ihrem Angebot an Kunsthandwerk, Spielzeug und Souvenirs. Dazwischen Blumen, Gewürze und – natürlich – die Imbissstände mit der Langen Roten, die nur in Freiburg so schmeckt, wie sie schmeckt!

✍ Vom einst strengen Marktgesetz zeugen noch heute die am Eingangsportal des Münsters in Stein gehauenen Brotmaße.

MÜNSTER UNSERER LIEBEN FRAU ///
MÜNSTERPLATZ /// 79098 FREIBURG IM BREISGAU ///
WWW.FREIBURGERMUENSTER.INFO ///

Innerhalb weniger Sekunden verstummt das Lachen der Besucher. Die letzten Gespräche ebben ab. Gespanntes Schweigen erfüllt den stickigen Raum hoch über der Stadt. In raschem Wechsel fliegt der Blick von der Armbanduhr zu den riesigen Glocken und wieder zurück. Fotoapparate und Handys werden gezückt. Empfindliche Gemüter halten sich die Ohren zu. Da – ein metallisches Geräusch, die Mechanik setzt sich in Bewegung …

Über 200 ausgetretene Steinstufen im Innern des engen Münsterturmes müssen die Besucher bewältigen, um in die Türmerstube zu gelangen. Dort haben die geschäftstüchtigen Freiburger die Kasse untergebracht – denn wer würde jetzt wieder umkehren wollen! Weitere 33 Stufen führen hinauf in die doppelstöckige Glockenstube. Insgesamt 19 Glocken hängen hier unter dicken Tannenholzbalken. Die berühmteste unter ihnen ist die Hosanna. Sie wurde bereits 1258 gegossen und gehört zu den ältesten erhaltenen Glocken dieser Größe. Es ist noch nicht lange her, dass sie von Hand geläutet wurde – bis zu neun Mann mussten an einem Strang ziehen, um das über drei Tonnen schwere Bronzeungetüm in Bewegung zu setzen. In der Stadtgeschichte war das Läuten der Hosanna stets etwas Besonderes. Sie diente als Brand- und Sturmglocke sowie zur Einberufung einer Gerichtsversammlung. Heute wird die Glocke traditionell jeden Donnerstag und Samstag am Abend, freitags am Vormittag geläutet. Ihr Klang pünktlich um 11 Uhr brachte ihr im Volksmund den Namen Knöpfle- oder Spätzlesglocke ein – es war die Zeit, das Wasser für das Mittagessen aufzusetzen.

Wie sehr die Bürger mit ihrer Glocke verbunden sind, zeigten sie 1632 nach der Eroberung der Stadt durch die Schweden, als sie für die Auslösung die Summe von 500 Reichstalern aufbrachten – der Gegenwert von zwei Häusern oder 75 Kühen.

✍   Wer das Geläut der Münsterglocken in bester Qualität gemütlich im Wohnzimmer hören will, kann sich eine überall erhältliche CD mit verschiedenen Originalmotiven mit nach Hause nehmen.

KAUFHAUSGÄSSLE ZWISCHEN SCHUSTERSTRASSE UND MÜNSTERPLATZ

Beim Papstbesuch 2011 hätten Sie Pech gehabt. Damals gehörte das Präsenzgässle zu den Zugangswegen rund um das Münster, die von den Ordnungshütern vorsichtshalber gesperrt wurden. Zu früheren Zeiten war die Verbindung zwischen Erzbischöflichem Ordinariat und dem Münsterplatz eine gute Möglichkeit, rasch zur Messe zu gelangen, um dort »Präsenz« zu zeigen. Vor allem, wenn einer der Würdenträger einmal verschlafen hatte.

Nirgendwo anders hat das alemannische Diminutiv seine Berechtigung mehr als bei der Bezeichnung der schmalen Verbindungswege in der Altstadt. Sie als Gassen zu bezeichnen, wäre bei einigen von ihnen bereits eine gehörige Übertreibung. Das Kaufhausgässle ist so schmal, dass man sich in einen Hauseingang zwängen muss, um Entgegenkommende vorbeizulassen.

Doch selbst in den schmalsten Gässle ist städtisches Leben: Hoteleingänge, Haustüren, sogar ein Wollegeschäft mit Schaufenster. Munter fließende Bächle auch hier, in Zeiten früherer Holz- und Fachwerkhäuser erste Hilfe bei Feuer. Nicht nur für Flammen war es ein Leichtes, auf Nachbarhäuser überzugreifen. Das Wort Privatsphäre bekam seinen ganz besonderen Klang. Schließlich konnte man sich von Fenster zu Fenster bestens unterhalten und sogar die Hand reichen (oder noch mehr). Umgekehrt bot ein Nachbarschaftsstreit hoch über der Erde überraschende und vielfältige Möglichkeiten.

In der Augustinergasse, die schon so breit ist, dass fast ein Auto durchfahren könnte, lohnt ein Besuch des Saftlädele. Der Name passt sich den Gässle an, Angebot und Service sind dagegen ganz groß. Die reich bestückte Obsttheke und die Stehtische vor den weiß gekachelten Wänden erinnern an den Süden Europas, die etwa 20 verschiedenen Säfte sind frisch gepresst und schmecken hervorragend. Der rege Zuspruch beweist, dass nicht nur in meinen Augen dies der beste Laden seiner Art in Freiburg ist. Verzeihung: Lädele.

Münsterbauhütte

„Wir haben den
Münsterturm erbaut.

Jetzt liegt es an Euch,
ihn zu erhalten!"

Höchste Handwerkskunst unter härtesten Bedingungen:
Vor 700 Jahren haben wenige tausend Bürger und
Steinmetze den Freiburger Münsterturm errichtet
- als besonderes Zeichen ihres Glaubens.

Jetzt muss der „schönste Turm auf Erden" dringend saniert
werden. Wieder ist die Unterstützung aller gefordert.
Helfen Sie, dieses Meisterwerk für unsere Kinder und
Kindeskinder zu erhalten.

Bauen Sie mit!

**MÜNSTERBAUVEREIN FREIBURG /// SCHOFERSTRASSE 4 ///
79098 FREIBURG IM BREISGAU /// 07 61 / 2 14 02 70 ///
WWW.MUENSTERBAUVEREIN-FREIBURG.DE ///**

Sie waren die Stars des Mittelalters und galten als Geheimnisträger. Sie waren die Einzigen, die ihre eigenen Porträts, Namen, Zeichen und Kürzel hinterließen. In Zeiten strenger Zunftvorschriften konnten sie ihren Arbeitsplatz frei wählen und folgten ihren eigenen Regeln. Der Überlieferung nach wuchs aus ihren Vereinigungen der Geheimbund der Freimaurer. Nicht zuletzt waren sie hoch geachtete Persönlichkeiten, begehrte Mitarbeiter und bestens bezahlt. Das Erbe der Baumeister und Steinmetze bringt uns noch Jahrhunderte später zu höchstem Erstaunen. Eine der wichtigsten Voraussetzungen beim Bau der Gotteshäuser der Gotik war die hohe Passgenauigkeit der Steine zueinander. Im Zeitalter fehlender Bildung musste den einfachen Bürgern der Umgang mit Maß und Zahl wie ein Wunder vorgekommen sein.

In der Freiburger Münsterbauhütte kümmern sich heute wie damals hoch spezialisierte Handwerker um den Erhalt des Münsters. Zum Zahn der Zeit, der dem »schönsten Turm der Christenheit« von Beginn an zusetzte, ist in neuester Zeit die Luftverschmutzung hinzugekommen, ein unsichtbarer Feind, der den weichen Sandstein empfindlich in Mitleidenschaft zieht. Bei regelmäßigen Führungen durch die Werkstatt kann man den Steinmetzen bei ihrer Arbeit zusehen. Es gibt viel zu tun: Restaurieren, Ergänzen, Säubern, durch Duplikate ersetzen – alles geschieht mit hoher Detailtreue und Präzision. Eine Dauerausstellung zeigt alte Werkzeuge, Holzmodelle und faszinierende Originalplastiken, unter anderem die 700 Jahre alte, drei Meter hohe Figur des Zisterziensermönchs Bernhard von Clairvaux, der 1146 in der Vorgängerkirche des Münsters zum zweiten Kreuzzug aufgerufen hatte. In der Alten Münsterbauhütte ist heute ein Laden untergebracht, in dem es alles rund um das Münster zu kaufen gibt, von Literatur und Orgelmusik bis hin zu Patenschaften und Originalteilen.

⌖ Einen ganzen Raum im Museum nimmt das Lindenholzmodell des Münsters im Maßstab 1:33 ein, das der Münsterbauverein 1896 dem badischen Großherzog zum 70. Geburtstag schenkte. Sein Turm ragt durch ein Loch bis in den zweiten Stock.

VON BADISCHEN UND UNSYMBADISCHEN

Schwabentor

Das Verhältnis der Bewohner des südbadischen Landesteils zu ihren württembergischen Nachbarn war immer ein besonderes. Und das nicht erst seit der Rivalität ihrer Fußballvereine. Den Besucher mag es daher erstaunen, dass ausgerechnet eines der beiden erhaltenen Stadttore den Namen der Konkurrenz jenseits des Schwarzwaldes bekommen hat.

Das Schwabentor prägt neben dem Münster wie kein anderes Bauwerk die Silhouette der Stadt. Historisch gesehen bildete der Wehrturm im Osten Freiburgs nahe der Dreisambrücke den befestigten Endpunkt einer der wichtigsten Handelsrouten des 13. Jahrhunderts. Die sich in der Stadt anschließende Salzstraße weist mit ihrem Namen noch heute auf die begehrten Waren hin. Seit seiner Errichtung um 1250 hat das Tor etliche Umbauten erfahren, zuletzt in den 50er-Jahren des vorigen Jahrhunderts.

Der Turm beherbergt heute die Zinnfigurenklause, ein Museum, in dem in über 20 Dioramen mit Tausenden Zinnfiguren historische Ereignisse detailgenau nachgestellt sind, unter anderem die Befreiungsschlacht der Schweizerischen Eidgenossenschaft von 1386 in Sempach.

Die Turmaußenwand schmückt seit 1903 ein großes Gemälde mit dem heiligen Georg, dem Drachentöter, dem Freiburger Schutzpatron. Zu der Darstellung eines Salzkaufmanns auf der Innenseite entstand die Legende des Schwaben, der einst mit Fässern voller Geld nach Freiburg kam, um die Stadt zu kaufen. Statt des erwarteten guten Geschäfts erntete er Spott und Gelächter, das umso größer wurde, als sich herausstellte, dass die Fässer eine ganz andere Ladung enthielten – seine Frau hatte in weiser Voraussicht den Inhalt gegen Sand und Steine ausgetauscht.

Übrigens: Wer den Diskussionen über das Verhältnis der Nachbarn aus dem Wege gehen will, sollte einen Blick über die Grenze wagen. Von Schweizern und Elsässern werden gerne alle Deutschen scherzhaft Schwaben genannt.

✍ Reizvoll ist ein kurzer Aufstieg zum Schlossberg direkt gegenüber. Als Lohn winkt die beste Aussicht mit einem unvergleichlichen Panorama der Stadt.

ALTESTER GASTHOF
DEUTSCHLANDS

zum
roten
BÄREN

ANTIK

Im Mittelalter war der Platz unter der Linde zentraler Versammlungsort. Hier traf man sich und tauschte die neuesten Nachrichten aus, hier wurde gefeiert und getanzt. Und es wurde Recht gesprochen. Der milde Duft der Blüten sollte den Richter milde stimmen. Zumindest für die feinen Zusammenhänge und die Hintergründe der Tat sollte er offen sein, wenn er *sub tilia* (unter der Linde) entscheiden musste. Ob dies immer Erfolg hatte, ist nicht überliefert. Zumindest das Wort *subtil* ist als Bezeichnung geblieben, wenn es darum geht, hinter das scheinbar Offensichtliche zu sehen.

Inmitten von Oberlinden, einem der ältesten Stadtbezirke Freiburgs, steht am Marienbrunnen auch heute eine Linde, inzwischen über 250 Jahre alt. Direkt hinter dem Schwabentor, dem ehemaligen Wehrturm in Richtung Schwarzwald, kreuzten sich mit der Salzstraße und der Herrengasse zwei bedeutende Straßen für den Handel. Man nimmt an, dass hier bereits vor der Stadtgründung 1120 ein lebendiges Zentrum mit Geschäften, Wohnungen und Handwerksbetrieben entstand. Das Gasthaus *Zum Roten Bären*, das viele als die älteste Gaststätte Deutschlands sehen, stammt aus dem 12. Jahrhundert. Eine Urkunde aus dem Jahr 1387 spricht von *Hanman wirt ze dem Roten Bern*. Hanman Bienger war außerdem Zunftmeister der Wirte und Mitglied des Rates der Stadt Freiburg – eine wichtige Persönlichkeit also.

Entlang der Konviktgasse, die vom Oberlindenplatz nach Norden abzweigt, breitete sich das Handwerkerviertel aus, ursprünglich Wolfshöhle genannt. Ob diese Bezeichnung an die Zeit erinnert, als sich wilde Tiere am Fuße des Schlossberges noch nahe an die Stadt heranwagten, oder ob sie eher ein Hinweis auf den sozialen Brennpunkt in der östlichen Altstadt war, bleibt ungeklärt. Heute sind die mit Grün berankten Fassaden, in die zum Teil historische Architekturteile eingearbeitet sind, ein Beispiel für gelungene Altstadtsanierung.

✍ Im Juni findet der traditionelle Oberlindenhock statt, ein mehrtägiges Straßenfest mit Musik, Flohmarkt, Essen und Trinken.

GEWERBEBACH IN DER SCHNECKENVORSTADT IM BEREICH DER INSEL

KROKODIL MIT FRAGEZEICHEN
Gewerbekanal

Giftspinne in der Yuccapalme? Katze in der Mikrowelle? Alles schon dagewesen. Alles widerlegt. Mehr oder weniger. Doch Freiburg ist anders. Denn in Freiburg soll ein leibhaftiges Krokodil im Gewerbekanal sitzen. Mit dem Unterschied, dass es sich keineswegs um einen modernen Mythos, eine *urban legend* handelt.

In der Oberen Altstadt unterhalb des Schwabentors, zwischen Gerberau und der Insel, findet sich der Gewerbekanal, eine künstliche Wasserzufuhr, die einst dazu diente, die früher in diesem Teil der Stadt gelegenen Handwerks- und Gewerbebetriebe mit fließendem Wasser zu versorgen. Heute laden sauber gepflasterte Wege auf beiden Seiten zum Flanieren ein. Es gibt Kunsthandwerksgeschäfte, Restaurants und Cafés. Der Kanal ist geblieben und spendet wie die Bächle in der Innenstadt im Sommer erfrischende Kühlung.

Doch dann, tatsächlich. Man traut seinen Augen nicht. Mitten im munter fließenden Wasser des Gewerbekanals schwimmt es gegen den Strom, die Augen halb geschlossen, das Maul entschlossen nach vorne gereckt. In scheinbar ungefährlicher Entfernung. Besucher aus aller Welt zücken in gebührendem Abstand ihre Kameras. Sogar den Poeten dient es als ungewöhnliche Muse. An der Kanalwand ist kurz über der Wasseroberfläche eine Metalltafel mit einem Gedicht befestigt. Stadt und Natur, Wildnis und Kunst auf wundersame unnachahmliche Weise vereint.

Seit das Krokodil im Herbst 2001 zum ersten Mal auftauchte, bildet es für Einheimische wie Touristen gleichermaßen einen beliebten Anziehungspunkt in der Oberen Altstadt. Aus Granit sei es, heißt es. Eine Steinmetzarbeit, von seinem Schöpfer liebevoll Lulu genannt.

Doch es bleiben Fragen. Warum ist der Kanal an dieser Stelle durchgehend mit einem brusthohen Metallgitter abgesichert? Warum sind nirgends die sonst allgegenwärtigen Enten zu sehen? Also: Nicht zu weit vorbeugen. Man weiß ja, dass Krokodile blitzschnell …

ALEMANNISCHE BÜHNE FREIBURG E. V. /// GERBERAU 15 ///
79098 FREIBURG IM BREISGAU /// 07 61 / 3 57 82 ///
WWW.ALEMANNISCHE-BUEHNE.DE ///

Was dem Hamburger das *Ohnsorg*, dem Kölner sein *Millowitsch* und dem Berner das *Zytglogge* ist den Freiburgern die Alemannische Bühne. *Bur suecht Frau, Kein Platz für d' Liebi, Zappeduschter* – exotische Laute für die Ohren auswärtiger Besucher. In der Titelauswahl spiegelt sich nicht nur die Vielfalt der Theaterstücke. Die Akteure auf der Bühne – allesamt Nicht-Profis und Muttersprachler – haben sich mit Herz und Seele der Pflege ihrer heimatlichen Kultur verschrieben. In breitestem Alemannisch wird gelacht und geliebt, gelästert und geflucht. Auch wer vielleicht nicht alles versteht, spürt, wie sich die Begeisterung der Schauspieler auf ihn überträgt. Der Dialekt ist »das Element, in welchem die Seele ihren Atem schöpft«, schrieb bereits der Hesse Johann Wolfgang von Goethe. Wer der Seele der Alemannen näher kommen will, hat bei einem Besuch im alemannischen Theater die beste Gelegenheit dazu.

Das Ambiente spiegelt das Geschehen auf der Bühne. Es geht gemütlich zu. Die Zuschauer fühlen sich zurückversetzt in das Nebenzimmer eines Landgasthauses. Kugellampen an der Decke, die Wände mit dunkler Holzvertäfelung, auf dem Parkett einladende rustikale Tische. Entsprechend werden die Aufführungen begleitet von dem, was die Menschen gerne machen: essen, trinken, sich unterhalten (»schwätze«, wie es in Freiburg heißt). Bei Veschper und Viertele ist der Kontakt zu dem Tischnachbarn rasch geknüpft.

Die 1924 ins Leben gerufene Bühne bietet neben traditionellem Volkstheater ein reichhaltiges Programm. Musik, Tanz, Kabarett und Kleinkunst finden ebenso regelmäßig statt wie literarische Abende oder Kunstausstellungen. Wer jemals das Engagement und die Begeisterung der Beteiligten erleben konnte, ist nicht überrascht, dass sich das im Herzen der Altstadt gelegene Theater seit Jahren steigender Beliebtheit erfreut – auch bei Nicht-Alemannen!

✐ Nicht nur Bayern kennen Biergärten. Im Sommer gibt es kühles Bier gleich nebenan im *Feierling*.

Säule der Toleranz

AUGUSTINERPLATZ UNTERHALB DES AUGUSTINERMUSEUMS

Zwei Plätze am Rande der Innenstadt. Zwei Minuten zu Fuß. Zwei Philosophien. Zwei Orte, wie sie unterschiedlicher nicht sein können.

Der Augustinerplatz hat sich zu einem der beliebtesten Treffpunkte in der Stadt entwickelt. In der warmen Jahreszeit, die bekanntlich in Freiburg länger dauert als anderswo, entfaltet er seine ungezwungene Atmosphäre am besten. Das leicht abschüssige Areal erinnert an eine Freiluftarena, die Stufen am Rande vermitteln einen Hauch der Spanischen Treppe in Rom. Eingerahmt von Resten der alten Stadtmauer, Altstadtgassen, Kinos, Cafés, Theatern und Museen belebt sich der Platz am Abend mit Menschen, die vor allem eine gute Zeit miteinander verbringen wollen. Es wird Musik gehört, Gitarre gespielt, Jongleure sieht man ebenso wie improvisierte Theatergruppen. Es wird getratscht, gegessen, getrunken, geraucht, gesungen, getrommelt, geknutscht, getanzt. Da vergisst man gerne einmal, dass nicht alle Anwohner ringsum, darunter etliche Familien mit Kindern, Gefallen finden an überlauter Fröhlichkeit oder an Trommeln, die gar nicht mehr verstummen wollen. Vor einiger Zeit ließ die Stadt eine Lichtsäule aufstellen, die zu fortgeschrittener Zeit ihre Farbe von grün zu rot wechselt: Zeichen für das Partyvolk, die Geräuschkulisse herunterzufahren. Das klappt – meistens.

Der Adelhauser Platz nur zwei Querstraßen weiter bietet dagegen ein völlig anderes Bild. Das Areal vor dem Eingang zum ehemaligen Kloster ist ein kleiner, idyllischer Ort, eine andere Welt. Ein paar Bänke unter alten Kastanien, ein gemütlich plätschernder Brunnen, eines der Freiburger Bächle am Rande – all dies lädt zum ungestörten Verweilen ein, zum Atemholen, zum Entschleunigen. Die Seele zur Ruhe kommen lassen.

Zwei Plätze am Rande der Innenstadt. Zwei Minuten zu Fuß. Zwei Philosophien. Sie können es sich aussuchen.

✍ Tagsüber sehenswert: Das *Museum Natur und Mensch* und das *Museum für Neue Kunst*.

AUGUSTINERMUSEUM /// AUGUSTINERPLATZ ///
79098 FREIBURG IM BREISGAU /// 07 61 / 2 01 25 31 ///
WWW.FREIBURG.DE/PB/,LDE/237748.HTML ///

»Warst du schon im neuen Augustiner? Es lohnt sich!« So oder ähnlich hörte man die Kunstinteressierten, als 2007 das Museum im ehemaligen Augustinerkloster wiedereröffnet wurde. Es sprach sich schnell herum, dass Freiburg ein neues Schmuckstück erhalten hatte. Seit seiner stilvollen Renovierung ist es zu einer zentralen Attraktion der Stadt geworden. Die Besucher erwarten architektonische Überraschungen: Schräge Treppen, Durchbrüche, unerwartete Verbindungen – stets hell, übersichtlich, ansprechend, die alte Kunst wirkt frisch und nah.

Wer die großzügige Haupthalle betritt, wird überwältigt von einem Eindruck von Weite und Kraft. Der riesige Raum ist dem Längsschiff des Freiburger Münsters nachempfunden. Als Blickfang dienen entlang der Längsseiten überlebensgroße Originalskulpturen von Propheten, die früher in 50 Metern Höhe rund um den Münsterturm standen. Von der Galerie aus sind die Wasserspeier aus dem 14. Jahrhundert zum Greifen nahe – steinerne Symbolgeschöpfe für die Hauptlaster des Menschen wie Hochmut, Wollust und Gier. Diese neue Art der Präsentation ermöglicht einen Blick auf die Arbeit der mittelalterlichen Steinmetze, deren Qualität durch unsere Betrachtung nach Jahrhunderten eine neue Würdigung erfährt.

In der Sammlung bedeutender Kunstwerke vom Oberrhein gibt es neben weltbekannten Namen wie Hans Baldung Grien, Matthias Grünewald und Lucas Cranach dem Älteren eine Fülle zu entdecken. Ganze Altäre, Glasmalereien, Kleinplastiken, Gemälde, Gold- und Silberschmiedekunst aus dem Münsterschatz. Das Dachgeschoss mit seiner ansprechenden Kombination aus Holzbalken und moderner Farbgebung zeigt Künstler des 19. Jahrhunderts wie Anselm Feuerbach, aber auch Franz Xaver Winterhalter und Hans Thoma, deren Bilder einen lebendigen Einblick in längst vergangene Zeiten ihrer Schwarzwaldheimat ermöglichen.

✑   Auf der Straßenseite gegenüber die Buchhandlung zum Wetzstein – eine der schönsten Buchhandlungen Europas!

VON DER STADT HER KOMMEND LIEGT DIE FISCHERAU
KURZ HINTER DEM MARTINSTOR LINKS.

Im dunklen, gluckernden Wasser spiegelt sich die Sonne in unzähligen silbernen Schiffchen. Spatzen hüpfen über schmale, mit Kopfsteinen gepflasterte Gässchen. Blumenkästen schmücken das geschmiedete Metallgeländer, ein Radfahrer überquert den Brückensteg auf dem Weg in die Innenstadt. In den Morgenstunden entfaltet das Viertel zwischen den beiden Stadttoren entlang des Gewerbekanals seine pittoreske Schönheit am eindrucksvollsten. Doch lohnt sich ein Besuch zu jeder Tageszeit.

Nur wenige Minuten von der quirligen Kaiser-Joseph-Straße und der viel besuchten Altstadt um das Münster zeigt die Stadt ein völlig anderes Gesicht. Man sollte sich Zeit zum gemütlichen Schlendern nehmen. Dann kann man in den Auslagen der kleinen Geschäfte entlang von Gerberau und Fischerau Außergewöhnliches entdecken, Kunstwerke in einer der Galerien auf sich wirken lassen oder auch nur in einem der vielen romantischen Restaurants und gemütlichen Cafés am Gewerbekanal die Seele baumeln lassen.

Nur noch die Namen erinnern daran, dass der früher »Schneckenvorstadt« genannte Stadtbezirk einst ein lebhaftes Gewerbe- und Handwerkerviertel war. Das Wasser der Dreisam wurde über den Gewerbebach gezielt zu den hier angesiedelten Betrieben geleitet: Mühlen trieben Mahlwerke, Brettersägen und Schmiedehämmer an, Fischer, Ledergerber und Metzger teilten sich das kostbare Nass. Obwohl im Mittelalter vor der Stadtmauer gelegen, genossen die Bewohner dieselben Rechte. Der außergewöhnliche Name leitete sich von den vielen Wendeltreppen her, die früher die Stockwerke der Gebäude miteinander verbanden. Auch ein Gasthaus zum Schneckenwirt ist einer der möglichen Namensgeber.

Aufmerksame Beobachter werden möglicherweise auf ihrem Spaziergang im rasch fließenden Wasser des Gewerbekanals ein außergewöhnliches Tier entdecken. Doch das ist eine andere Geschichte …

✐ In der nahe gelegenen Wallstraße steht im Garten des Buddhistischen Zentrums ein Stupa, der im Sommer 2007 beim Besuch des Dalai Lama von ihm persönlich geweiht wurde.

Nur wenige Schritte vom Bertoldsbrunnen mitten in der Stadt führt ein eher unscheinbarer Eingang zur Markthalle. Wer hier einen lokalen Wochenmarkt unter Dach erwartet, sieht sich schon kurz nach dem Eintreten positiv überrascht. Auf kurzen Wegen kann sich der Gast hier auf nicht weniger als eine kulinarisch-gastronomische Weltreise begeben.

Exotische Leckerbissen aus Arabien, Asien und Südamerika machen ebenso Lust auf Entdeckung wie die Küche der Nachbarländer. Warum nicht einmal Feijoada versuchen, das brasilianische Nationalgericht aus den typischen schwarzen Bohnen und geräuchertem Fleisch? Persischen Lammspieß auf Safranreis mit Grilltomaten? Enchiladas nach mexikanischem Originalrezept? Der Tourist aus Fernost wagt sich an die für ihn exotisch anmutenden badisch-elsässischen Gerichte wie Schäufele mit Kartoffelsalat oder Rösti, während in der Mittagspause einige Meter weiter die Sushi-Bar und der indische Currystand von Angestellten der umliegenden Geschäfte und Büros belagert werden. Liebhaber italienischer Kaffeekultur kommen ebenso auf ihre Kosten wie die Freunde frisch gepresster Obstsäfte. Für einen gemütlichen Plausch auf ein Glas an der Champagnerbar ist immer Zeit. Obst, Gemüse, Fisch und Backwaren laden frisch und verlockend zum Einkauf.

Wer das Innere des denkmalgeschützten Sandsteingebäudes in der Innenstadt betritt, ist von den modernen, luftigen und hellen Räumlichkeiten überrascht. Tatsächlich ist die Freiburger Markthalle im Gegensatz zu anderen Städten eine Einrichtung der jüngsten Vergangenheit. Noch bis 1987 ratterten hier die Druckmaschinen der ehemaligen Freiburger Zeitung, deren Name noch über dem Eingang eingemeißelt zu sehen ist. Der Kontrast zu heute ist groß: Bei der letzten Renovierung 2007 wurden Technik, Logistik und Hygiene auf den allerneuesten Stand gebracht.

🎵 An Wochenenden bietet die Markthalle bis 24 Uhr ein stimmungsvolles Ambiente für Livemusik.

KOLBEN KAFFEE AKADEMIE /// KAISER-JOSEPH-STRASSE 233 ///
79098 FREIBURG IM BREISGAU /// 07 61 / 3 87 00 13 ///
WWW.KOLBENKAFFEE-FREIBURG.DE ///

Wollten Sie schon immer einmal Ihr Frühstück mit Tageszeitung im Schaufenster verbringen? Den Ein-Uhr-Espresso mit Blick auf Freiburgs Haupteinkaufsstraße genießen? Am Nachmittag bei einem Cappuccino die vorüberflutenden Spaziergänger betrachten? Wenn es Ihnen gelingt, einen der begehrten Plätze am Fenster zu ergattern, sind Sie dabei.

Der Kaffee ist ein Hochgenuss! Spezialitäten aus Deutschland, der Schweiz, Italien stehen zur Auswahl, die Zubereitung erfolgt auf Wunsch. Eine große, mit Kreide beschriebene Tafel weist auf die weiteren Köstlichkeiten hin. Die hauseigene französische Patisserie bietet ein reichhaltiges, täglich frisches Angebot, das den Feinschmecker ins Schwärmen geraten lässt. Neben Croissants, Brioche und belegten Baguettes, Brötchen und Sandwiches gibt es eine Vielzahl an Kuchen, Gebäck und süßen Teilchen. Kaum einer schafft es, an den berühmten Obsttörtchen vorbeizugehen. Frisch gepresste Säfte? Ein Kaffeemitbringsel? Seit den Anfängen vor 30 Jahren ist die Kolben Kaffee Akademie am Martinstor ein Stehcafé, das seinen Namen verdient.

Dabei müsste das Kolben, wie es von den meisten Besuchern liebevoll genannt wird, in Zeiten von Marktriesen und Markenketten und nach den Gesetzen moderner Verkaufsstrategien längst pleite sein. Der Name und der Eingang sind leicht zu übersehen, die Räumlichkeiten zu klein, das Interieur anachronistisch, Selbstbedienung, keine Sitzplätze, schon gar kein WLAN. Eine scheinbar vergessene Insel in schnelllebiger Zeit. Doch es ist gerade dieses Authentische, das neben der herausragenden Qualität das Kolben von Studenten und Bankern, Hausfrauen, Büroangestellten und neugierigen Touristen zu jeder Tageszeit gut besucht sein lässt. In der warmen Jahreszeit wird es etwas entspannter, wenn die Besitzer in der angrenzenden Gasse Stühle ins Freie stellen.

✍ Eine Gedenktafel am Martinstor erinnert an die letzten Frauen, die in Freiburg als Hexen verurteilt und hingerichtet wurden.

X FÜR U /// REMPARTSTRASSE 7 /// 79098 FREIBURG IM BREISGAU ///
07 61 / 3 67 41 /// WWW.XFUERU.DE/ ///

Keuch, seufz, hust, schluchz, sprazzel, blink, knirsch – für alle, die wissen, dass dies nicht etwa die neuesten Begriffe aus der SMS- und Twittersprache sind, geht in Freiburg kein Weg am *X für U* vorbei. Ein Laden, der sich ganz den Comics verschrieben hat.

Auffallend viele ältere Besucher sieht man mit leuchtenden Augen die Regale entlangwandern. Erinnerungen werden wach an Zeiten, da man zum ersten Mal mit Tim und Struppi Verbrechen aufklärte, mit Spirou und Fantasio im Urwald den Spuren des Marsupilami folgte oder mit Dagobert Duck und seinem Neffen Donald nach geheimnisvollen Schätzen durch die Welt jagen konnte.

Der große Durchbruch für die lange Zeit als Kinderkram oder Schund abgetanen Comics kam in den 70er-Jahren mit der Veröffentlichung der Abenteuer von Asterix und Obelix. Inzwischen hat sich die Szene sprunghaft erweitert. Politische, historische und Umweltthemen wurden aufgegriffen, mit Graphic Novels, Mangas und anderen kamen neue Altersschichten hinzu, Rollenspiele, Filme und Computerspiele ergänzen das Angebot. 1985 wurde das *X für U* zum ersten Mal eröffnet und war von Beginn an das Mekka der Szene in Südbaden. Hier finden Leser, Sammler, Schnäppchenjäger, Komplettisten und Nostalgiker alles, was das Herz begehrt. Neben den bis zu 2.000 Neuerscheinungen pro Jahr gibt es Sammlerfiguren, Schlüsselanhänger, Trinkbecher, Kissen, Aufkleber, Poster, Plakate, signierte Erinnerungsstücke, Magazine, Bücher zum Thema. Ein besonderer Blick lohnt sich auf die Lokalmatadoren – Zeichner, die mit Südbaden verbunden sind. Toms Touché-Kosmos erscheint regelmäßig in der Badischen Zeitung und in der taz, Peter Gaymanns Wein- und Hühnercomics lassen schmunzeln, die Freiburg-Postkarten und die legendäre Schwarzwaldsaga von Christoph Härringer, dem Zeichner der Spottschau, sind ideale Mitbringsel und Erinnerungen.

✍ Der nahe gelegene Alleegarten ist ein kleiner Park und ein idealer Ort, um in die neu erworbenen Schätze hineinzuschnuppern.

Platz der Universitä

UNIVERSITÄTSBIBLIOTHEK /// AM ROTTECKRING / WERTHMANNSTRASSE ///
79098 FREIBURG IM BREISGAU /// 07 61 / 2 03 39 18 ///
WWW.UB.UNI-FREIBURG.DE ///

Was macht die Schönheit eines Diamanten aus? Form, Farbe und Schliff – und für manche auch das Wissen um seinen Wert. Ein Brillant glänzt und funkelt, in seinen Facetten spiegelt sich das Licht und alles, was um ihn herum ist. Wer das hochmoderne Gebäude der neuen Universitätsbibliothek am Rotteckring zum ersten Mal sieht, spürt sofort die Absicht der Planer.

»Die Wahrheit wird euch frei machen.« Dieser Leitspruch der Universität steht in goldenen Lettern gemeißelt hoch über einem der Kollegiengebäude. Seit Urzeiten strebt der Mensch nach diesem hohen Ziel: die Welt und ihre Zusammenhänge aufgreifen, verstehen und zu neuem Leben führen. So wie die Außenfassade aus Glas und Metall in vielfältiger, ständig wechselnder Form das Licht und die Welt in tausend Bildern spiegelt, so soll auch die Tätigkeit im Innern des Gebäudes sein. Der Neubau geht auf die sich rasch ändernden Bedürfnisse für Forschung und Studium ein. Neben dem traditionellen Arbeiten mit gedruckten Büchern und Zeitschriften nehmen digitale und multimediale Formen der Information rasch wachsenden Raum für Forschung und Studium ein. An sieben Tagen in der Woche stehen 1.700 Nutzerarbeitsplätze zur Verfügung – einladend, hell, modern. Ihrem Ruf als »Green City« wurde die Stadt in der Art der 90-Prozent-Sanierung gerecht. Das innovative Konzept ermöglicht bei den Energiekosten jährliche Einsparungen von etwa 800.000 Euro.

Bei aller Transparenz und Offenheit muss es aber auch Geheimnisse geben. Problem und Versäumnis nennen es die einen, Phänomen die anderen. Im Frühjahr und im Herbst gibt es Tage, an denen die Sonne auf besondere Weise auf die Südostseite des Gebäudes scheint. Die Fassade wird derart zum Gleißen gebracht, dass Autofahrer geblendet anhalten müssten. Um diese Wirkung zu reduzieren, werden an diesen Tagen Banner aufgezogen. Vielleicht haben die Planer dies bereits vorhergesehen. Verhüllung macht neugierig auf den Inhalt. Christo hat es bewiesen.

KONZERTHAUS FREIBURG /// **KONRAD-ADENAUER-PLATZ 1** ///
79098 FREIBURG IM BREISGAU /// **07 61 / 38 81 21 50** ///
WWW.KONZERTHAUS.FREIBURG.DE ///

TANZENDE KREISEL
Konzerthaus

Hurrlibue, Habergoaß, Danzknopf – vor allem das internationale Publikum hätte seine helle Freude an den lautmalerischen Namen, welche die alemannische Sprache für die tanzenden Kreisel auf dem großen Platz zum Ausdruck bringt. Betritt man dann das Konzerthaus, nimmt man den Schwung, die Bewegung, das Tänzerische mit und fühlt die Vorfreude auf ein künstlerisch hochwertiges Ereignis verstärkt.

Der Eröffnung des Konzerthauses im Jahre 1996 ging ein jahrelanger, teilweise erbittert geführter Streit voraus. Gigantomanisch, bürgerfremd und vor allem zu teuer waren die Hauptargumente gegen den Bau. Es dauerte eine Zeitlang, bis sich die Freiburger an die Kultur- und Tagungsstätte gewöhnt hatten. Heute bildet das Areal um den neuen Hauptbahnhof die moderne Visitenkarte der Stadt für Bahn- und Busreisende.

Das Konzerthaus hat sich zu einem unverzichtbaren Mittelpunkt des Kulturlebens entwickelt. Das Herzstück bildet der Große Saal, der 70 Musikern und fast 1.800 Besuchern Platz bietet. Philharmonisches Orchester, Freiburger Barockorchester und Sinfonieorchester des SWR haben hier ihre Heimat. Als technische Besonderheit kann das Bodenniveau des Zuschauerraums bis auf die Hauptebene des Foyers angehoben werden. Dadurch entsteht eine durchgehend begehbare Fläche, die vor allem für Bankette, Bälle und Empfänge genutzt wird. Der ehemalige Papst Benedikt hielt 2011 eine Rede vor geladenen Gästen aus Kirche und Gesellschaft.

Es schien vielen zu gewagt, dass die vier taumelnden Wirbel auf der riesigen Freifläche vor dem Konzerthaus einen allzu deutlichen Kontrast zu den klaren architektonischen Linien bilden. Doch hinter dem Grau der Kreisel verbergen sich Farben, und die bewegte Form lässt Auge und Ohr wach und offen werden für das, was den Besucher im Innern erwartet.

✐   Die hauseigene Tiefgarage bietet stadtnah ideale Parkmöglichkeiten auch außerhalb des Konzertbetriebs.

VERBINDET KONRAD-ADENAUER-PLATZ (KONZERTHAUS) AM BAHNHOF MIT DEM STADTTEIL STÜHLINGER

Eine Brücke über die Bahnlinie als Lieblingsplatz? Viele junge Freiburger würden mit einem klaren Ja antworten. Es ist nicht nur die schlichte Eleganz der sanft geschwungenen Metallbögen einer der letzten Eisenfachwerkbrücken Deutschlands aus der Gründerzeit. Seit der Übergang für Autos gesperrt wurde, hat sich die Brücke vor allem bei warmen Temperaturen zu einem beliebten Treffpunkt entwickelt. Junge Leute sitzen und klettern auf den Bögen und Trägern, hören Musik und genießen den Ausblick auf den Schönberg im Süden oder die zu Füßen vorbeifahrenden Züge, Höhepunkt am Abend ist der Sonnenuntergang hinter den charakteristischen Doppeltürmen der Herz-Jesu-Kirche. Liebesschlösser werden angebracht, Gitarre gespielt, Tango getanzt.

Selbst die Namensgebung der Brücke drückt Vielfalt aus. Bei der ersten Errichtung 1886 wurde sie zu Ehren des damaligen Herrschers Kaiser-Wilhelm-Brücke getauft, doch konnte sich der Name nie durchsetzen. Für die Freiburger war sie stets die Stühlinger Brücke, später nannte man sie nach ihrem charakteristischen Anstrich auch Blaue Brücke. Offizieller Name ist seit 2003 Wiwilí-Brücke, benannt nach Freiburgs Partnerstadt in Nicaragua.

Doch die Brücke ist auch Gedenkstätte. Eine Tafel erinnert an zwei Freiburger Bürger, die bei einem humanitären Hilfeeinsatz in Nicaragua ermordet wurden. Ein wie achtlos liegen gelassener Mantel gemahnt an den Oktober 1940, als jüdische Bürger aus Freiburg und Südbaden vom damaligen Güterbahnhof nach Gurs in Südfrankreich deportiert wurden.

Nicht zuletzt ist die Brücke aber auch ein Zweckbau. Für Fußgänger und Radfahrer bildet sie die wichtigste Verbindung vom westlichen Stadtteil Stühlinger zur Innenstadt. Als unter dem Asphalt ein elektronischer Zähler angebracht wurde, registrierte dieser bereits im ersten Jahr (2013) fast 2,5 Millionen Zweiradnutzer.

⚑ Beim alljährlich im Frühjahr stattfindenden Freiburg-Marathon ist die Wiwilí-Brücke regelmäßig in die Streckenplanung einbezogen. Zum Anfeuern bestens geeignet!

ARCHÄOLOGISCHES MUSEUM COLOMBISCHLÖSSLE ///
ROTTECKRING 5 /// 79098 FREIBURG IM BREISGAU ///
07 61 / 2 01 25 71 /// WWW.FREIBURG.DE/PB/,LDE/237910.HTML ///

DER DUFT DES SÜDENS
Colombischlössle

Durch die geografische Lage im äußersten Südwesten Deutschlands ist die kalte Jahreszeit in Freiburg deutlich kürzer als in anderen Städten. Die ersten Anzeichen für das beginnende Frühjahr sind besonders im Colombipark zu spüren, zu hören, zu sehen und zu riechen. Er erstreckt sich auf einem Hügel, der sich zwischen Altstadt und Bahnhof der Sonne entgegenwölbt, und dem man nicht ansieht, dass darunter Reste einer ehemaligen Bastion der Stadtbefestigung verborgen liegen. Heute lädt den Besucher eine weitläufige Parkanlage mit Bänken, Rasen, Blumen und Bäumen zum Verweilen ein. Ein kleiner Weinlehrpfad informiert über viele verschiedene Rebsorten und erinnert an die frühere Nutzung des Geländes als Rebberg.

Dieses südliche Flair mag auch für die Gräfin Maria Antonia Gertrudis de Colombi y de Bode (1809–1863) einer der Gründe gewesen sein, auf diesem Grundstück ihren Alters- und Ruhesitz bauen zu lassen. Noch heute ist das von den Freiburgern benannte Colombischlössle herausragender Mittelpunkt der gesamten Anlage. Springbrunnen und Skulpturen gruppieren sich um das ehemalige Herrenhaus, dessen verspielte Neugotik mit Tudorstil-Anklängen dem Gebäude die Strenge nimmt.

Seit 1983 ist in den großzügigen Räumen das Archäologische Museum untergebracht. Die Sammlung bietet einen Überblick von der Steinzeit bis ins Mittelalter. Hier wird die Welt der Kelten und Römer am Oberrhein lebendig. Die alamannische Schatzkammer mit kostbaren Gräberfunden zeugt von der Kunstfertigkeit unserer Vorfahren. Dazu gibt es regelmäßige Führungen und Sonderausstellungen.

Für kurze Zeit war das Colombischlössle politischer Mittelpunkt des Landes. Von 1947 bis zum Anschluss an das neu geschaffene Baden-Württemberg 1952 regierte Leo Wohleb hier als Ministerpräsident des damals selbstständigen Südbaden. Die Räume der ehemaligen Badischen Staatskanzlei sind heute noch zu sehen und zu besichtigen.

✎ Eines der beliebtesten Fotomotive ist der Schneckenreiter, eine Kleinskulptur im angeschlossenen Park.

ZUNFTHAUS DER NARREN /// TURMSTRASSE 14 ///
79098 FREIBURG IM BREISGAU /// 07 61 / 50 81 43 ///
WWW.BREISGAUER-NARRENZUNFT.DE/DIE-BNZ/FASNETMUSEUM/ ///

»Narri – narro!« Frühling, Sommer, Herbst, Winter und – Fasnet! Wenn traditionell am Dreikönigstag die fünfte Jahreszeit beginnt, gibt es bei den Zünften im Schwarzwald und am Oberrhein kein Halten mehr. Von überall kommen sie, die Rußhexen und Fellteyfel, die Schuttig und Hansele, die Ammonshörner, Bächleputzer, Schnogedätscher, Schlossberggeister, Mooswaldwiibli, Lalli, Glunki, Gigili-Geister. Keiner entgeht ihrem Lärmen, ihren Neckereien und ihrem Spott.

Wer je das wilde Treiben der Hexen, Teufel und Narrengestalten zum Jahresbeginn miterleben durfte, hat im Freiburger Fasnetmuseum Gelegenheit, aus ungefährlicher Distanz die Vielfalt und Lebendigkeit des Brauchtums in Ruhe zu betrachten. Neben der Darstellung der Freiburger Vereinigungen gibt das Museum einen Überblick über die wichtigsten Narrentraditionen im Südwesten. Was für Außenstehende oftmals wie ein wirres Durcheinander aussieht, ist für die in Zünften zusammengeschlossenen Narren streng geregelt. Das Häs (Narrenkostüm) ist in Material, Aussehen und Farben genauestens festgelegt und macht die einzelnen Gruppierungen jederzeit unterscheidbar. Die Kleidung wird aus Stoff, Filz oder Stroh handgefertigt und mit Filzlappen, Glöckchen und sogar Schneckenhäuschen verziert. Die Larven (Masken) sind aus Holz geschnitzt und bunt bemalt. Ebenso typisch sind die mitgeführten Utensilien, wie beispielsweise Streckscheren, Fuchsschwänze, Kuhglocken, Rätschen, Saublodere (Schweinsblasen), Peitschen, Besen oder Schellenstäbe. Die Bedeutung der Figuren und ihrer Attribute ist aus der Tradition entstanden und wird von Jahr zu Jahr fortgeführt.

Am Aschermittwoch ist endgültig Schluss mit der fünften Jahreszeit. Dann heißt es bei den Narren sehnsuchtsvoll »s'goht dagege«, Hoffnung und Gewissheit zugleich, dass die nächste Fasnet bestimmt kommt. Das Freiburger Fasnetmuseum ist ganzjährig geöffnet.

    Nach dem Ende der Fasnet gibt es als Ausklang in vielen Orten das Scheibenschlagen, bei dem brennende Holzscheiben in die Nacht geschleudert werden.

RATHAUSPLATZ /// 79098 FREIBURG IM BREISGAU ///

PROMIS AM ALTEN RATHAUS
Rathausplatz

Was hat Wolfgang Schäuble mit Til Schweiger gemeinsam? Beide sind Bobbele, wie sich die gebürtigen Freiburger gerne selbst nennen. Beide wohnen inzwischen nicht mehr in der Stadt. Andere sind zugezogen. Martin Heidegger, Judith Holofernes, Robert Zollitsch – allen gemeinsam ist, dass sie hier gearbeitet und einen Teil ihres Lebens verbracht haben.

Der Umgang der Freiburger mit ihren Promis ist unaufgeregt. Der Boulevard hat hier keine Chance, leben und leben lassen heißt die Devise. Und wenn heute ein schüchterner Teenager den Bundestrainer um ein Selfie vor dessen Stammkneipe bittet, ist das eher die Ausnahme.

Dem weltweit bekanntesten Freiburger Prominenten hat die Stadt bereits 1855 ein Denkmal errichtet. Der Franziskanermönch Berthold Schwarz erfand Mitte des 14. Jahrhunderts das Schießpulver – so ist zumindest die Freiburger Sicht. Das Ganze geschah per Zufall, wie berichtet wird. Trotzdem hat er dadurch mehr in den Lauf der Weltgeschichte eingegriffen als Kaiser und Könige. Um sein Denkmal auf dem Rathausplatz tummeln sich täglich Tausende Besucher. Hier finden Konzerte ebenso statt wie Wahlveranstaltungen. Hochzeitsgesellschaften begrüßen die frisch Vermählten vor dem Rathaus. Seit über 40 Jahren findet hier der Weihnachtsmarkt statt, einer der größten in Südbaden.

Der Rathausbalkon wäre für die heutige Prominenz bestens geeignet, sich sehen zu lassen. Doch es ist typisch für Freiburg, dass dies bislang nicht so häufig der Fall war. Die wenigen Beispiele sind rasch aufgezählt: beim Rathaussturm der Freiburger Narren (alljährlich), dem Besuch des Dalai Lama (einmalig) – und bei der Feier des Deutschen Fußballmeisters SC Freiburg, die noch eine Weile auf sich warten lassen wird.

✍ Neben dem Rathausbalkon ist stündlich das historische Glockenspiel mit seinen Figuren zu hören und zu sehen.

KARTOFFELMARKT /// 79098 FREIBURG IM BREISGAU ///

Gib dem Affen Zucker. Sprichwörtliches Symbol für die seelischen Bedürfnisse des Menschen, die ständig bei Laune gehalten werden wollen und doch nie zufriedenzustellen sind. Doch der Gesichtsausdruck der kleinen Brunnenfigur am Rande des Kartoffelmarkts deutet eher auf etwas anderes hin. Nein, dieser Affe bekommt nichts Süßes. Stattdessen läuft ihm kaltes Wasser über den Rücken. Sein Standort auf der Rückseite des Sparkassengebäudes im historischen *Haus zum Walfisch* weist darauf hin, dass es ein vergoldeter saurer Apfel ist, in den er beißt. Eine Mahnung an alle, die gutgläubig für einen Kredit bürgen, der vielleicht nie wieder zurückgezahlt wird.

Der Kartoffelmarkt ist ein kleiner Platz in der Altstadt am Rande der Haupteinkaufsstraße. Als im 17. Jahrhundert einige alte Gebäude abgerissen wurden, entstand an dieser Stelle eine offene Fläche, die lange als privater Garten für Obst und Gemüse genutzt wurde. Als die Stadt das Gelände kaufte, wurde daraus bald ein beliebter Treff für die Freiburger. 1911 wurde der zentrale Brunnen feierlich eingeweiht. Die Figurengruppe in der Mitte verweist auf frühere Jahre, als die Bewohner das Wasser mühsam mit Eimern an einer Tragestange von den öffentlichen Brunnen holen und nach Hause schleppen mussten.

Heute umrahmen den Kartoffelmarkt Fachgeschäfte, Wohngebäude, Banken und ein Einkaufszentrum. Es gibt Verkaufsstände zu verschiedenen Gelegenheiten und Jahreszeiten, vor allem an Weihnachten und Ostern. Schulklassen veranstalten Flohmärkte, für Projekte wird gesammelt, Kundgebungen und Mahnwachen werden abgehalten. Oder der gesamte Platz verwandelt sich in ein riesiges Wohnzimmer mit Bücherregalen und Sitzkissen auf dem Boden. Das ganze Jahr über laden die Sitzbänke zum Beobachten und Verweilen ein – vielleicht auch zum Innehalten über die Bedürfnisse und Verlockungen.

✍ Am Haus zum Walfisch gibt es neben dem Affen über einem mit auffällig geometrischen Formen bemalten Hoftor ein stattliches Relief mit Wappen und Siegel der Stadt Freiburg sowie ein Marmorporträt Maximilians I.

PFLASTERMOSAIK ZU BEGINN DER HABSBURGER STRASSE STADTAUSWÄRTS

DER LINIE ENTLANG

48. Breitengrad

24

Wer jemals im ehrwürdigen Londoner Vorort Greenwich seine Füße auf beide Seiten des historischen Nullmeridians gesetzt hat, kennt das Gefühl, gleichzeitig in beiden Welthemisphären stehen zu können. Einen ähnlich markanten geografischen Ort findet man in Freiburg am nördlichen Rand der Altstadt. Ein mit weißem Marmor, Rheinkieseln und blauem Quarzit markiertes Mosaik zu beiden Seiten der Habsburger Straße kennzeichnet den 48. Breitengrad, der genau an dieser Stelle die Stadt durchquert.

Eine faszinierende Vorstellung, auf einer geraden Linie einmal um die ganze Erde zu wandern! Hier vor Ort verliert sich der Blick in den angrenzenden Häusern. Doch was kommt dahinter? Schwarzwald, Donautal, Schwäbischer Barock, Bayern. Die Ausläufer von München und dem Chiemsee werden passiert. Es geht nach Wien und Ungarn, über die Karpaten in die Ukraine. An Don und Wolga klingen die Lieder, die russische Moderne grüßt mit der Millionenstadt Wolgograd und dem kasachischen Weltraumbahnhof in Baikonur. Endlose Wüste, mächtige Gebirge, die Mongolei und China. Der Pazifik wird erreicht. Kurz hinter der Datumsgrenze der am weitesten entfernte Punkt der Reise – deswegen geht es von hier aus bereits wieder heimwärts. Entlang der Grenze zwischen den USA und Kanada führt der Weg nach Osten, an den Großen Seen vorbei, durch die Provinz Québec bis nach Neufundland. Wie schon im Stillen Ozean gibt es auch im Atlantik keine Insel, die auf dem Weg liegt. Das französische Festland, die Bretagne, Orléans, das Quellgebiet der Mosel, über den Grand Ballon. Endlich bei Breisach zurück ins Ländle. Tuniberg, Opfingen, Rieselfeld. Freiburg hat uns wieder.

27.000 Kilometer um die Welt in wenigen Minuten, die Fantasie ist ein mächtiger Reisender. »Früher war das Mosaik weiter nördlich«, klärt ein Passant auf. Die Messmethoden haben sich verfeinert. Die Fantasie bleibt.

ALTER FRIEDHOF /// STADTSTRASSE /// 79104 FREIBURG-HERDERN ///

VON JUNGFRAUEN, KRÖTEN UND HOCHSEILARTISTEN

Alter Friedhof Herdern

25

Ein Totenschädel mit einem gebogenen Nagel in der Augenhöhle und einer Kröte, die aus der Wange kriecht – am Fuß des Michaelskreuzes vor der Kapelle auf dem Alten Friedhof befindet sich eine makabre Erinnerung an einen Schmied, der glücklich lebte, bis ein neuer Geselle seinen Dienst antrat. Seine junge Frau und der junge Bursch entbrannten in Liebe zueinander und setzten einen mörderischen Plan in die Tat um: Während der Meister schlief, trieben sie ihm einen Nagel in den Kopf, der nach seinem Tod unter den Haaren verborgen blieb. Jahre später wurde bei Arbeiten auf dem Friedhof die Leiche ausgegraben. Aus dem Schädel des Toten kroch eine Kröte, die Arbeiter entdeckten den Nagel, die beiden Liebenden wurden überführt und hingerichtet.

Eine der wundersamen Geschichten, die sich um den Alten Friedhof nördlich der Altstadt ranken, Geschichten, die die Toten den Lebenden erzählen. Einem Wunder gleich kommt auch, dass der 1872 zuletzt genutzte Friedhof überhaupt noch existiert. Zu verdanken ist dies dem hier begrabenen Freiburger Barockkünstler Johann Christian Wentzinger, der sein beachtliches Vermögen der Stadt unter der Bedingung vermachte, dass sein Grab auf dem Alten Friedhof für ewige Zeiten gesichert sei.

Weitere bekannte Freiburger Persönlichkeiten fanden hier ihre letzte Ruhestätte, wie beispielsweise der Historiker Karl von Rotteck, der Verleger Bartholomä Herder, oder Johann Karl Knie aus der berühmten Schweizer Zirkusdynastie, der 1860 über dem Münsterplatz vom Hochseil stürzte. Ihre Grabmäler geben Zeugnis von Totenkult, Stadtgeschichte und Stilepochen des 17. und 18. Jahrhunderts.

Die bekannteste Legende rankt sich jedoch um eine anmutige junge Frau, die mit 17 Jahren verstarb. Bis heute weiß niemand, wer das Grab der schlafenden Schönen täglich mit frischen Blumen schmückt.

✍ Auch der seit 1872 genutzte Hauptfriedhof im Westen der Stadt ist ein sehenswertes Kulturdenkmal und ebenfalls einen Besuch wert.

DAS ERPELDENKMAL IM NÖRDLICHEN BEREICH DES STADTPARKS

RETTENDES GESCHNATTER

Einst retteten die heiligen Gänse des Kapitols die Stadt Rom mit ihrem Geschnatter vor der Zerstörung durch die Gallier. Ihr »Heldentum« ging in die Geschichte ein und die Gänse wurden dadurch noch heiliger. Der Erpel, der am Nachmittag des 27.11.1944 durch sein aufgeregtes Flattern die Freiburger vor dem heranziehenden britischen Bombergeschwader warnte, hatte weniger Glück. Immerhin, so erinnern sich Augenzeugen, führte sein außergewöhnliches Verhalten dazu, dass sich viele Bewohner der Stadt rechtzeitig in die nahe gelegenen Luftschutzbunker im Schlossberg retteten. Der Stadt und dem Enterich nützte dies wenig. Die *Operation Tigerfish* kostete ihm und fast 3.000 Menschen das Leben, die Innenstadt wurde nahezu vollständig zerstört, wie durch ein Wunder blieb ausgerechnet das Münster unversehrt.

Ob die Nachfahren des unglücklichen Erpels heute immer noch die nötige Aufmerksamkeit bekämen, sei dahingestellt. Der Stadtpark mit seinem Ententeich hat sich nach seiner Umgestaltung nach dem Krieg neben dem Dreisamufer zu einem der Orte entwickelt, an dem es sich die Freiburger gutgehen lassen. Vor allem in der warmen Jahreszeit treffen sich Studenten und Rentner, Jogger und Sonnenanbeter, Musiker und Lesefreunde. Rasenflächen und Parkbänke unter großen Schatten spendenden Bäumen laden zum Verweilen ein. Die Wege sind mit Skulpturen geschmückt, ein Pavillon mit Freiluftbühne bietet Platz für Konzerte und Theateraufführungen. Ein Schrägaufzug führt in wenigen Minuten auf den nahe gelegenen Schlossberg mit seiner wundervollen Aussicht.

Wer will, entdeckt aber auch ruhige Plätzchen, vor allem auf den Bänken bei den Teichen im hinteren Teil. Dort wo inmitten von Schilf, Seerosen und schnatternden Artgenossen Freiburgs heldenhafter Erpel sein Denkmal gefunden hat.

Zum Stadtgarten gelangt man von der Innenstadt über den Karlssteg, eine kühn geschwungene Spannbandkonstruktion, errichtet zur 850-Jahr-Feier der Stadt.

FREIBURG – DIE STADTTEILE

WALDRESTAURANT ZÄHRINGER BURG /// REUTEBACHER HÖFE 7 ///
79194 FREIBURG IM BREISGAU /// 07 61 / 5 43 22 ///
WWW.WALDRESTAURANT-ZAEHRINGERBURG.DE ///

»Das schönste Land in Deutschlands Gau'n, das ist mein Badner Land …« In Zeiten regionaler Rückbesinnung, gerne auch als Abgrenzung zum scheinbar übermächtigen württembergischen Partner in Stuttgart, hört und singt man das Badnerlied immer öfter. Bei Festen und Jubiläen, von Musikgruppen und Chören, nicht zuletzt von einem ganzen Stadion als Mutmacher und Revierkennzeichner bei den Heimspielen des SC Freiburg. Baden lebt! Dass es das ehemalige Großherzogtum Baden gar nicht mehr gibt, dass man vor allem in Freiburg allenthalben Hinweise darauf entdeckt, dass die Stadt jahrhundertelang den Habsburgern und somit zu Österreich gehörte, tut der Begeisterung keinen Abbruch.

Schließlich gibt es oberhalb des Stadtteils Zähringen den Burgberg. Auf ihm steht der trutzige Bergfried, letztes Überbleibsel des ehemaligen Stammsitzes der Zähringer, 1128 erstmals beurkundet. Die Stadt Freiburg wurde von Bertold II. von Zähringen gegründet. Fast wichtiger noch: das Haus Baden sieht in ihnen ihre Stammväter. Natürlich kommen keineswegs nur Vertreter einer neuen Traditionskultur hierher. Das Waldrestaurant Zähringer Burg ist ein Ausflugslokal mit ausgezeichneter Speisekarte. Für den sonntäglichen *Badischen Brunch* ist eine Reservierung unbedingt zu empfehlen. Hier erhält man auch den Schlüssel zu der eisenbeschlagenen Tür am Fuße des Turms, der nur wenige Gehminuten entfernt ist. Der Aufstieg lohnt sich. Wie bei allen Höhenlagen um Freiburg wird man mit einer grandiosen Aussicht belohnt!

Freiburg badisch? Keine Frage! Schließlich war die Stadt sogar schon einmal Regierungssitz des Bundeslandes Südbaden, das von 1945 bis 1952 Bestand hatte. Probleme könnte es allenfalls geben, wenn es zu Begegnungen mit Fußballern aus Karlsruhe kommt. Deren Fans singen im heimischen Stadion traditionsgemäß – das Badnerlied!

Bei der jährlichen Hitparade des Radiosenders SWR1 wird das Badnerlied regelmäßig auf die vorderen Plätze gewählt – zumindest von den Badenern.

WODAN HALLE /// LEO-WOHLEB-STRASSE 4 ///
79098 FREIBURG IM BREISGAU /// 07 61 / 7 07 04 44 ///
WWW.WODAN-HALLE-FREIBURG.DE ///

MUSIK FÜR FREUNDE
Wodan Halle

28

Die umgebaute alte Brauereilagerhalle spiegelt noch immer den Charme der Anfangsjahre wider. Die Wodan Halle präsentiert sich als der totale Gegenentwurf zu den städtischen Kulturtempeln wie Stadttheater oder Konzerthalle. Der Name leitet sich vom Wodan-Bier der Brauerei Ganter her. Plakate an den Wänden, Flyer auf rustikalen Stehtischen, ein paar Haken für die Garderobe. Die Kasse steht auf einem Tisch, der Handrücken bekommt den guten alten Einlassstempel. Der Besucher fühlt sich sofort wohl und spürt: Hier ist alles auf das Wesentliche ausgerichtet, die Musik.

Etwa 200 Zuhörer fasst der eigentliche Saal. Historische Blechschilder und Gerätschaften an den Wänden erinnern an die ursprüngliche Funktion als Bierkeller. Von der Decke hängen handgeschmiedete Lüster, dazwischen ein paar Scheinwerfer. Vor der Bühne stehen Biertische mit Teelichten, davor Bänke, an den Seiten Bistrotische.

»Freunde, heute habe ich euch etwas ganz Besonderes mitgebracht!« Wenn Ray Austin sein Publikum begrüßt, ist es tatsächlich wie bei einem Besuch bei Freunden. Der gebürtige Engländer ist seit 1999 einer der Organisatoren und musikalischer Leiter der Wodan Halle und blickt auf viele Jahre eigenen musikalischen Schaffens zurück: Singer-Songwriter in den 70er-Jahren, Blues-, Country- und Folkinterpret, später Swing, Jazz und Dixie. Noch heute ist er regelmäßig bei Auftritten mit verschiedenen Gruppen zu sehen und zu hören. Seine Liebe zur Musik und deren Vielfalt bringt Ray in die Programmgestaltung ein. Blues und Rock, Bluegrass und Country, aber auch Weltmusik wie Son, Cajun oder Irish Folk. Stets Musik, die er selbst mag, Künstler, die ihm sympathisch sind. Viele kommen seit Jahren immer wieder gerne. Doch auch jungen, unbekannten Künstlern gibt er eine Chance. Bis heute können sich die Zuhörer bei den Abenden in der Wodan Halle auf eines verlassen: gute Stimmung und ein hohes Maß an Qualität!

Highlights: die Wodan Woche im Herbst mit täglichen Konzerten bei ermäßigtem Eintritt, außerdem der Fassanstich!

HOCHSCHULE FÜR MUSIK FREIBURG /// SCHWARZWALDSTRASSE 141 ///
79102 FREIBURG IM BREISGAU /// 07 61 / 31 91 50 ///
WWW.MH-FREIBURG.DE ///

MIT DEN AUGEN HÖREN
Die Lauschenden an der Musikhochschule

29

»Pssst! Sei still.«
»Warum?«
»Hörst du es nicht?«
»Was?«
»Gerade eben!«
»Wo?«

»Von dort!«
»Ich höre nichts.«
»Du musst leise sein.«
»Ich höre trotzdem nichts.«
»Komm näher heran, aber vorsichtig.«
»Jetzt höre ich es auch! Ganz deutlich!«

Es gibt Kunst und Kunst. Es gibt Werke, die der Betrachter sofort ins Herz schließt, es gibt andere, vor denen man eine kaum erklärbare Abneigung hat. Kunst, die einem sofort klar wird, und Kunst, die es einem schwer macht. Gute Kunst bildet nicht nur ab, sondern löst etwas beim Betrachter aus – Emotionen, Erinnerungen, Sehnsüchte, Fantasien. Dem 1934 geborenen Künstler Karl-Henning Seemann aus Löchgau ist dies gelungen. Seine lebensnahen Skulpturen, unter anderem sein Johann-Peter-Hebel-Brunnen auf dem Bahnhofsvorplatz in Lörrach, zeigen Menschen in besonderen Situationen, denen eines gemein ist: Sie verhalten sich so, dass der Betrachter sofort angesprochen wird. Wer *Die Lauschenden* sieht, wird in doppelter Weise neugierig. Was machen die da? Worüber reden die? Und dann, wenn man sich ihnen genähert hat: Lasst mich mitmachen! Ich bin gespannt, was da ist!

Doch die große rotbraune Backsteinwand, von der sich die sechs – manche mehr, manche weniger – auf geheimnisvolle Weise angezogen fühlen, gehört nicht zu irgendeinem Gebäude. Es beherbergt die Staatliche Hochschule für Musik Freiburg, eine Institution, die nicht nur den theoretischen Bereich lehrt, sondern in der Musik zu hören ist. In der Musik zum Leben erweckt, gehört und erhört werden will. Wer dem Geheimnis der Töne auf die Spur kommen will, sollte neben der Neugier vor allem eine Fähigkeit mitbringen: leise zu sein. Erst die eigene innere Ruhe wird ihm das Lauschen möglich machen.

Also: Nahe herankommen und – pssst!

✍ Im Park neben der Musikhochschule kann man bisweilen den Studierenden beim Üben zuhören.

ALTER WIEHREBAHNHOF /// 79102 FREIBURG IM BREISGAU ///

KOMMUNALES KINO FREIBURG /// URACHSTRASSE 40 ///
79102 FREIBURG IM BREISGAU /// 07 61 / 4 59 80 00 ///
WWW.KOKI-FREIBURG.DE ///

BUNTE ENTSCHLEUNIGUNG
Alter Wiehrebahnhof

30

Wer die Stadt Freiburg mit ihren Menschen, Ideen, Fantasien und ihrem Alltag kennenlernen möchte, findet hier den Mikrokosmos all dessen in einer Art Entschleunigung, die es heute fast nur noch auf dem Land gibt. Im und um das alte Bahnhofsgebäude im Stadtteil Wiehre treffen sich Menschen aus dem Viertel mit solchen, die gerne herkommen. Studenten, Schüler, in Ehren ergraute Alt-68er, Mütter mit Kindern, Väter mit Kindern, Rentner und Radfahrer. Unter Schatten spendenden Bäumen begegnet man Musikern, Literaten, Schauspielern, Malern und Bonvivants. Es wird Boule und Tischtennis gespielt, im Park zwitschern die Vögel zu den Klängen von Gitarre, Flöte oder Radio, dazwischen klingt fröhliches Lachen vom nahe gelegenen Spielplatz herüber. Ein bunter Wochenmarkt findet ebenso seinen Platz wie der monatliche Flohmarkt. Ein besonderer Tipp ist *Omas Küche,* ein Restaurant gegenüber, beliebter Treffpunkt für Mittagstisch ebenso wie zu gemütlichem Beisammensitzen.

Das ehemalige eher unscheinbare Bahnhofsgebäude mit seinen Arkadenfenstern aus dem 19. Jahrhundert beherbergt neben einer Galerie mit regelmäßigen Ausstellungen das Kommunale Kino Freiburg. Seit 1981 würdigt es die Filmkultur abseits des Mainstreams in regelmäßigen Themenwochen, beispielsweise über die Dritte Welt, Junge Regisseure, Experimental- und Stummfilm. Zentraler Treffpunkt ist das kleine Café mit seinen gemütlichen Stühlen im Außenbereich.

Wer den Alten Wiehrebahnhof heute besucht, kann kaum glauben, dass bis zur Trassenverlegung 1934 die Höllentalbahn mit rauchenden Dampfloks hier Station machte. Doch wo in anderen Städten Verfall oder Abbruch folgte, liegt das Flair der Begegnung, des Aufbruchs, des Kommens und Gehens heute mehr denn je über diesem Ort.

⌕ Im Stadtteil Wiehre gibt es zahlreiche Jugendstilhäuser. Der alte Bahnhof ist ein guter Ausgangspunkt für überraschende Entdeckungen.

Die ersten waren zwei Schüler. In der Dreikönigsnacht 1981 verwandelten die beiden 15-Jährigen das damals weiße Pferdchen mit gezielten schwarzen Strichen in ein Zebra. Es war, als hätten die vielen unbekannten Hobbykünstler der Stadt auf dieses Signal gewartet. In den folgenden Jahren wechselten die Farbgebungen und Motive immer rascher aufeinander. Gleichzeitig stieg der Bekanntheitsgrad der Plastik des Bildhauers Werner Gürtner, das fortan unter dem Namen *Holbeinpferd* bundesweite Bekanntheit erreichte.

Ob als Beispiel für Kulturquälerei oder gar Vandalismus oder für die Demokratisierung der Kunst im öffentlichen Raum – das Holbeinpferd wurde zum lebendigen Kunstwerk. Die Autofahrer auf der Straße nach Günterstal reckten immer wieder den Hals, ob der Plastik ein neues Gewand verpasst worden war.

Es bekam Trikots diverser Fußballvereine und wurde mitsamt Logo zum Werbeträger bekannter Verbrauchermarken. Es wurde zu Elch, Hirsch, Einhorn, Esel, Zebra, Schaf, lila Kuh, Tiger, Känguru, Pegasus verfremdet. Politische Aussagen gab es ebenso wie Liebesbotschaften und Gratulation zu Hochzeit, Geburtstag, Prüfung. Das Pferd wurde mit Papier beklebt, mit Wolle bestrickt und Christo-mäßig verhüllt, es avancierte zum Fotomodell und zum TV-Star. Zeitgemäß hat es seine eigene Webseite, ist bei facebook und Wikipedia.

Die Versuche der Rückverwandlung blieben von Anfang an zaghaft. Sogar das städtische Gartenamt steht dem Ganzen eher wohlwollend gegenüber, will zumindest den Ideenreichtum nicht blockieren. Unzählige dicke Farbschichten übereinander haben das grazile Pferd inzwischen etwas unförmig werden lassen. Vielleicht ist es eine glückliche Fügung, dass das Holbeinpferd zum Zeitpunkt der Aufnahme gerade in allen Regenbogenfarben erstrahlte, als ob es die Vielfalt seiner fast 70-jährigen Geschichte in einem Motiv zusammenfassen wollte.

✎ Das nahe gelegene Waldhaus bietet Umweltbildung zum Ökosystem Wald. Von hier aus führen Themenwege durch den Stadtwald.

HELIOTROP /// ZIEGELWEG 28 /// 79100 FREIBURG IM BREISGAU ///

SONNENSCHIFF /// MERZHAUSER STRASSE 177 ///
79100 FREIBURG IM BREISGAU /// WWW.ROLFDISCH.DE ///

DER SONNE ZUGEWANDT
Heliotrop

Die Sonnenblume kann es, der Löwenzahn ebenso. Die Botaniker haben eine ganze Gattung Pflanzen nach ihrer Fähigkeit benannt, heliotrop zu sein, das heißt, ihre Blüten oder Blätter stets dem Licht der Sonne zuzuwenden. Aber wie kommt ein ganzes Haus dazu, dem Sonnenlauf zu folgen?

Es war eine technische Sensation, als der Freiburger Architekt Rolf Disch in den 90er-Jahren im Süden der Stadt ein Gebäude entwarf und bauen ließ, das diesem Vorbild der Natur folgte und den Ruf Freiburgs als deutsche Solarhauptstadt wesentlich mitprägte. Ein zentraler Drehmechanismus steuert die Ausrichtung je nach Tageszeit und Sonneneinstrahlung und regelt die Energieaufnahme optimal. Durch zusätzliche innovative Umwelttechniken gibt das einer drehbaren Säule ähnelnde Heliotrop mehr Energie ab, als es selbst benötigt. Wenige Schritte entfernt steht das sogenannte Sonnenschiff, ein 125 Meter langes Gebäude, das als erster Gewerbebau in Plusenergieweise gilt. Es vereint nicht nur Tiefgarage, Geschäfte und exklusive Penthousewohnungen, sondern dient gleichzeitig als Schallschutzriegel für die dahinter liegenden Häuser der Solarsiedlung: 59 Wohnhäuser, die alle nach Dischs entwickeltem Plusenergiekonzept gebaut sind. Auch dort sucht man vergeblich auf den Dächern der Häuser die vertrauten Schornsteine.

Seit 2008 bilden die Solarsiedlung und das ehemals französische Kasernengelände – heute Vauban genannt – entlang der Merzhauser Straße Freiburgs kleinsten und jüngsten Stadtteil, der mittlerweile weit über die Grenzen Freiburgs hinaus bekannt ist. Hier entstand auf 38 Hektar in einer Fülle alternativer Projekte neuer Wohnraum für über 5.000 Menschen. Bauen in der Gemeinschaft, Bürgerengagement und umweltbewusstes Leben kennzeichnen das Miteinander vor allem junger Familien auf dem größtenteils autofreien Gelände.

☞ Für Interessierte werden Themenführungen sowohl in der Solarsiedlung als auch durch das Vauban angeboten.

Höchster Baum Deutschlands

3,0 km

ZU FUSS AB DER HALTESTELLE KYBBURG (BUS LINIE 21) ODER
VOM WALDHAUS ZU WALDTRAUT VOM MÜHLWALD ///
ARBORETUM FREIBURG-GÜNTERSTAL /// WALDHAUS FREIBURG ///
WONNHALDESTRASSE 6 /// 79100 FREIBURG IM BREISGAU ///
07 61 / 89 64 77 10 /// WWW.WALDHAUS-FREIBURG.DE ///

Zugegeben. Ich bin nicht mehr eine der Jüngsten. Außerdem bin ich groß und dick, meine Haut ist braun und runzelig. Manche nennen mich etwas abfällig Neophyt, ein etwas vornehmerer Ausdruck für Migrationshintergrund. Doch selbst wenn ich meine Eltern nicht kenne, darf ich durchaus mit Stolz auf meine Vorfahren blicken, die seit Jahrmillionen im rauen Westen Nordamerikas zu Hause sind.

Vom Land meiner Ahnen weiß ich nichts. Kurz vor dem ersten großen Krieg haben mich die Hände eines Försters im zarten Alter von drei Jahren hier im Arboretum von Günterstal, dem Stadtwald von Freiburg, eingepflanzt. Seither geht es mir gut. Mit den Einheimischen wie Buche, Ahorn und Tanne komme ich zusammen mit meinen Familienmitgliedern bestens aus, wir geraten uns nicht in die Quere. Der tiefe, nährstoffreiche Boden und das milde, abwechslungsreiche Klima haben dazu geführt, dass ich mich seit über hundert Jahren nach Herzenslust ausbreiten konnte.

Vor allem in die Höhe. Um meine Größe ist in den letzten Jahren ein regelrechter Wettstreit mit meinen Verwandten in Emmendingen und Eberbach entbrannt, den ich souverän und amtlich bestätigt für mich entschieden habe. Auch wenn mir der Ehrgeiz der Menschen fremd ist, hat der Ehrentitel »Höchster Baum Deutschlands« mich zu einer Berühmtheit werden lassen. Trotzdem habe ich mich noch nicht in den Altersruhestand zurückgezogen und füge zu den über 65 Metern Höhe jedes Jahr noch etwa 30 Zentimeter hinzu. Für den Weltrekord wird es nicht reichen, den hält ein gewisser »Hyperion« im kalifornischen Sequoia-Nationalpark mit über 115 Metern. Doch er gehört zu einer anderen Familie, und die sind von Natur aus größer.

Jetzt hätte ich beinahe vergessen, mich vorzustellen. Gestatten: Waldtraut vom Mühlwald. Ein schöner Name, auf den ich stolz bin. Für Erinnerungsfotos stehe ich jederzeit geduldig zur Verfügung.

🗍   Das gesamte Arboretum kann auf mehreren bestens beschilderten Rundwegen erkundet werden.

TALSTATION SCHAUINSLANDBAHN /// BOHRERSTRASSE 11 ///
79289 HORBEN /// 07 61 / 2 64 68 ///

Eine Frage, die in jede TV-Quizsendung passen würde: Welches ist Deutschlands höchstgelegene Großstadt? Der Gipfel des südlich der Stadt gelegenen 1.284 Meter hohen Schauinsland liegt auf Freiburger Gemarkung und macht die Stadt damit unangefochten zum Spitzenreiter. Zumindest ist der Höhenunterschied zu den Stadtteilen in der Rheinebene mit mehr als 1.000 Höhenmetern einzigartig.

Die bequemste Art, den Gipfel des Freiburger Hausbergs zu erklimmen, ist die mit dem Stadtbus erreichbare Seilbahn. Sie wurde 1930 in Betrieb genommen, ist mit fast 3.600 Metern die längste Kabinen-Umlaufseilbahn Deutschlands und überwindet in knapp 20 Minuten 747 Höhenmeter. Darüber hinaus gibt es vielfältige Möglichkeiten. Wer Zeit und Kraft hat, bewältigt einen der gut ausgebauten Wanderwege durch den Wald. Einfacher geht es mit Bus oder Auto auf der kurvenreichen Straße, die auch für Radfahrer eine besondere Herausforderung bietet. Zu allen Zeiten gab es entsprechende Sportwettkämpfe. Bis in die 8oer-Jahre gab es das zu seiner Zeit international bekannte legendäre ADAC-Schauinsland-Rennen für Sportwagen. In neuester Zeit gibt es den Berglauf sowie den Schauinslandkönig, der von den Radsportlern ermittelt wird. Auf der über acht Kilometer langen Roller-Downhill-Strecke wird sogar die umgekehrte Richtung sportlich erfahren!

Der Name Schauinsland ist überaus treffend. Das Panorama ist zu jeder Tages- und Jahreszeit überaus lohnend und reicht von der Rheinebene mit der Vogesenkette im Westen, den umliegenden Schwarzwaldhöhen bis zu den Alpen im Süden. Wer noch höher hinaus will, kann auf dem Gipfel den Eugen-Keidel-Turm besteigen. Die Plattform auf 22 Metern bietet noch mehr Höhe, noch mehr Aussicht, noch mehr Panorama.

Wer Zeit mitbringt, kann auf dem über fünf Kilometer langen Erzkasten-Rundweg noch mehr entdecken. Technikbegeisterte können das Sonnenobservatorium besichtigen, kulturhistorisch Interessierte sollten einen Abstecher zum Schniederlihof machen, einem 1593 erbauten ehemaligen Schwarzwaldhof, der in typischer Art Wohn-, Wirtschafts- und Stallräume unter einem Dach vereint.

Der Name Erzkasten für den Schauinsland ist heute noch gebräuchlich. Er erinnert an die Zeiten, als tief unter dem Berg Stollen gegraben wurden und viele Menschen vom Bergbau lebten. Der Reichtum an Silber machte Freiburg einst zur wohlhabenden Stadt und den Bau des prachtvollen Münsters überhaupt erst möglich. Noch heute erinnern wertvolle Glasfenster an die Stiftungen der damaligen Unternehmer. Einige der Stollen des 1954 aufgegebenen Bergwerks wurden wieder zugänglich gemacht und können besichtigt werden.

Seine besonderen Reize zeigt der Schauinsland im Winter mit seinen Skiliften und gut gespurten Loipen. Wo im Herbst der Wind die Ausflügler zum Drachensteigen einlädt, bilden die sturmzerzausten verschneiten Wetterbuchen bizarre Fotomotive. An die Gefahren erinnert das Engländerdenkmal auf der Ostseite: Es wurde 1938 zum Gedenken an eine englische Schulklasse errichtet, die unterhalb des Gipfels in einen Schneesturm geriet und die Orientierung verlor. Als sie gefunden wurden, waren bereits fünf Schüler erfroren.

Der Schauinsland bietet sich als Ausgangsort für weitere Ausflüge an. Nur wenige Kilometer nach Osten liegt der Notschrei, ein Gebirgspass mit einem ausgedehnten Wintersportgebiet und dem Nordic Center Notschrei, ein Trainings- und Wettkampfzentrum für Biathleten. Im Sommer lohnt ein Besuch im Steinwasenpark, ein mitten im Wald am Berghang gelegener Freizeitpark mit einer 218 Meter langen Seilbrücke, diversen Fahrgeschäften und Rodelbahnen sowie einem Tierpark.

Museums-Bergwerk

400 M →

ORTSVERWALTUNG MUNZINGEN AM TUNIBERG /// ROMANSTRASSE 3 ///
79112 FREIBURG-MUNZINGEN /// 0 76 64 / 4 03 63 55 ///

Das Wichtigste ist ein gutes Auge. Kaum sichtbare winzige Risse verraten die richtige Stelle an der ansonsten glatten Erdoberfläche. Jetzt heißt es aufpassen. Geübte Finger graben sich nach unten. Langsam. Jede falsche Bewegung, jeder ungeduldige Krafteinsatz kann die schlanke, weiße Stange zerbrechen. Wenn es gelungen ist, wird der Spargel mit einem eigens für diese Arbeit gefertigten Messer mit langem Schaft und scharfer Klinge abgeschnitten – nicht zu hoch, damit er die richtige Länge erhält, und vor allem nicht zu tief, um den empfindlichen Wurzelstock nicht zu beschädigen. Am Ende legt der Spargelbauer das kostbare Gemüse vorsichtig in einen Korb und füllt das entstandene Loch wieder mit Erde auf. Mit einer Kelle streicht er abschließend die Oberfläche glatt, damit bei der nächsten Ernte am selben Tag die feinen Risse wieder deutlich zu erkennen sind.

Auf diese Weise vermeiden die Bauern in Munzingen, dass der Kopf des Spargeltriebes ans Sonnenlicht kommt. In kürzester Zeit würde er sich violett verfärben und nicht mehr die von den Kunden gewünschte durchgehend elfenbeinweiße Farbe haben. Da der Spargel in der Saison sehr schnell wächst, heißt es daher, stets wachsam zu sein. Durch das zunehmend mildere Klima im Frühjahr und den Einsatz von Folien können die ersten Freilandspargel seit einigen Jahren bereits im März geerntet werden. In den Restaurants und Hotels in und um Freiburg gehört das »königliche Gemüse« in dieser Zeit zum festen Bestandteil der Speisekarte. Ob als Gemüse, Salat, Suppe, Auflauf – der Fantasie und den möglichen Kombinationen sind keine Grenzen gesetzt. Viele mögen ihn aber auch auf gut badische Art als Stangen mit nichts als zerlassener Butter und »Kratzete«, ein in der Pfanne beim Backen zerrissener Pfannkuchenteig. Dazu gehört natürlich ein Glas gut temperierter Weißwein. Guten Appetit!

✍   »Trauben rot – Spargel tot« heißt es am 21. Juni. Am Johannitag ist die Saison zu Ende – und auf frischen Spargel muss man wieder ein Dreivierteljahr warten.

GRIESTAL-STRAUSSE /// GRIESTAL 2 /// 79112 FREIBURG-OPFINGEN ///
0 76 64 / 40 06 75 /// WWW.GRIESTAL-STRAUSSE.DE ///
WWW.STRAUSSEN-KALENDER.DE ///

Es gibt sie in Innen- und Hinterhöfen, in Wohnstuben, Kellern und Lauben, einfach gestaltet und doch liebevoll dekoriert. An rustikalen Holztischen sitzt man auf Klappbänken, auf Weinkisten, im Sessel oder an der Eckbank. Bei preiswertem Essen und Trinken gibt es die beste Gelegenheit, mit Land und Leuten in Kontakt zu kommen. Hier rückt man gerne ›zamme‹, ein Gespräch kommt schnell in Gang. Die Wirtsleute nehmen sich Zeit für ein Schwätzchen. Der Besuch einer Straußwirtschaft führt den Gast geradewegs in den Mittelpunkt südbadischer Gastlichkeit.

Die in der Region liebevoll »Strauße« genannten Gaststätten sind einfache Lokale, die meist einem Winzerbetrieb angegliedert sind, und in denen eigener Wein und einfache Speisen aus eigener Herstellung angeboten werden. Jede Strauße hat ihren eigenen unverwechselbaren Charakter. Meist trägt sie den Namen der Winzerfamilie.

Straußwirtschaften haben saisonal geöffnet, meist zweimal im Jahr über mehrere Wochen im Frühjahr und im Herbst. Äußeres Zeichen ist ein Besen (»Strauß«), oft mit bunten Bändern geschmückt, der deutlich sichtbar aufgehängt ist. Neben den örtlichen Spezialitäten locken die Straußwirtschaften mit dem Angebot traditioneller südbadischer Speisen abseits der Sterneküche: Brägele (Bratkartoffeln), Bibiliskäs (Quark mit Schnittlauch), Sunnewirbeli mit Kracherle (Feldsalat mit Croûtons) oder Flammekueche (dünn ausgerollter Brotteig belegt mit Speck, Rahm und Zwiebeln und im Ofen erhitzt).

Die Tradition der Straußwirtschaften reicht der Legende nach zurück bis zu einem Erlass Karls des Großen aus dem 9. Jahrhundert, der schon damals den Winzern den Betrieb von »Kranzwirtschaften« erlaubt. Es gibt sie überall, wo Wein angebaut wird, zum Teil unter anderen Namen. Charakteristisch ist für alle die ungezwungene Gemütlichkeit, ein Wort, das es in keiner anderen Sprache der Welt gibt. Vielleicht liegt es daran, dass man es selbst erfahren muss.

mundenhof
Tier-Natur-Erlebnispark

TIER-NATUR-ERLEBNISPARK MUNDENHOF /// MUNDENHOF 37 ///
79111 FREIBURG IM BREISGAU /// 07 61 / 2 01 65 80 ///
WWW.FREIBURG.DE/PB/,LDE/265917.HTML ///

VON FRECHEN AFFEN UND MÜDEN VÖGELN
Mundenhof

»Der Arme!« »Ist er tot?« Mit Hals und Kopf auf dem Boden liegt der große Strauß da, die Augen geschlossen, die Beine nach hinten weggestreckt. Traurige Kinder, aufgeregte Eltern – bis der Pfleger mit lautem Lachen das riesige Tier zum Aufstehen auffordert. Es hatte ungerührt trotz der vielen Besucher in der ungewöhnlichen Ruhestellung verharrt. Der Tierpark Mundenhof steckt voller Geschichten. Fast jeder Freiburger, von denen die meisten als Kind bereits mit ihren Eltern hier waren, kann davon erzählen.

Ende der 60er-Jahre wurde das Gelände um das ehemalige Gut Mundenhof zu einem Naturerlebnispark erweitert und umgestaltet. Die weitläufigen Gehege ermöglichen eine artgemäße und verhaltensgerechte Tierhaltung. Auf großzügigen Freiflächen tummeln sich Tiere aus allen Kontinenten, unter anderem Affen, Bären und Lamas. Der Schwerpunkt liegt jedoch auf Zucht und Pflege bedrohter Haustierrassen aus aller Welt wie Rinder, Kamele, Schafe und Ziegen. Außerdem stehen dort ein Bienenhaus, ein Vogelhaus und ein Aquarium. Über das Jahr hinweg gibt es Veranstaltungen wie das Eselsfest, Fisch- und Korallentag, das Afrikafest oder die Mondscheinführung. Eine Besonderheit ist das Projekt KonTiKi (Kontakt-Tier-Kind), eine naturpädagogische Einrichtung, die Stadtkindern aus allen sozialen Schichten ermöglicht, in verantwortungs- und respektvoller Weise Tiere kennenzulernen und mit ihnen umzugehen.

Die neugierigen Java-Äffchen haben sich indes problemlos der Moderne angepasst. Das Smartphone eines unvorsichtigen Besuchers wurde zunächst auf Bisstauglichkeit geprüft. Nachdem es der Besitzer von der Wärterin zurückbekommen hatte, entdeckte er verblüfft, dass die Affen das Gerät zu einem ausdrucksstarken Selbstporträt genutzt hatten. Eine weitere Mundenhofgeschichte zum Weitererzählen …

✍ Am Rande des Mundenhofs findet seit über 30 Jahren im Sommer das *ZeltMusikFestival* statt, eine mehrwöchige Musikveranstaltung, bei dem die Konzerte in Zelten stattfinden.

Kolumbus, Leonardo da Vinci, Michelangelo, Gutenberg, Kopernikus – Namen, die jeder kennt und ohne die wir uns die Entwicklung der westlichen Zivilisation nicht vorstellen können. Es waren Menschen, die zu Beginn der Neuzeit das Bestehende kritisch sahen, die den Mut hatten, Neues zu denken und zu schaffen. Den Namen Jos Fritz kennen die wenigsten. Er gehörte zu denen, die zweifelten, ob die bestehende ständische Ordnung wirklich so gottgewollt war, wie es die Herrschenden lehrten. Adel und Klerus lebten damals auf Kosten des einfachen Volkes. Frondienste und Abgaben waren kaum zu bewältigen. An Bürgerrechte im heutigen Sinne war nicht zu denken. Hinzu kam eine tiefe Frömmigkeit mit der Furcht vor einem strafenden Gott und ewigem Höllenfeuer.

Die Bundschuheiche im Freiburger Stadtteil Lehen erinnert an die aufständischen Bauern und Handwerker, die sich 1513 unter Jos Fritz' Führung hier zusammentaten. Ihr Zeichen kam aus dem Alltag, der Bundschuh war ein halbhoher, mit Bändern verschnürter Lederschuh, wie er vor allem von der Landbevölkerung getragen wurde. Man plante, die Stadt Freiburg zu stürmen und die Forderungen nach mehr Gerechtigkeit und Reformen durchzusetzen. Die Verschwörung wurde verraten, viele bezahlten mit dem Leben. Jos Fritz konnte vor der Hinrichtung fliehen und schloss sich später dem Bauernaufstand an.

»Von Gottes Ordnung, Pfründefressern und verbotenen Gedanken« nennt der Bildhauer Thomas Rees sein Werk, das er aus einer sechs Meter hohen Eiche schnitzte, und in dem er Motive der damaligen Umwälzung verarbeitet hat. Die Bundschuheiche ist Ausgangs- und Endpunkt eines Themenpfades, der in 14 Stationen die Ereignisse von 1513 in chronologischer Reihenfolge darstellt. Die Erinnerung an Jos Fritz wird in Freiburg hochgehalten: ein Café, eine Buchhandlung und etliche Straßen und Gebäude wurden nach ihm benannt.

✍ Auf dem 3,4 Kilometer langen Bundschuhpfad gibt es etliche überraschende Ausblicke auf Freiburg und den Schwarzwald. Das Blumencafé lädt mit seinem stimmungsvollen Ambiente zum Verweilen ein.

DER OSTEN – IN DEN SCHWARZWALD

Privatweg

Unbefugten Zutritt verboten

Kein Winterdienst

Nach den Schrecken des Zweiten Weltkrieges mit der Vernichtung unersetzlicher Kulturgüter wurde nach einer Möglichkeit gesucht, das kollektive Gedächtnis der Nation zumindest als Kopie zu erhalten. Angesichts der atomaren Bedrohung in den 70er-Jahren fand man einen Platz, der allen genannten Gefahren trotzen würde. Bis zum Ende des Kalten Krieges wurde über die genaue Lage Stillschweigen bewahrt.

Heute ist es kein Geheimnis mehr, wo sich der ›Zentrale Bergungsort der Bundesrepublik Deutschland‹ befindet.

Hinter Oberried, einem idyllischen Dorf im Schwarzwald, schlängelt sich eine schmale Straße vorbei an Bauernhöfen den Berg hinauf. Früher sind die Menschen aus der Gegend selbst diesen Weg gegangen auf der Suche nach Silber und Erzen. Der Barbarastollen unter dem Schauinsland wurde umgebaut und bietet seither ideale Bedingungen. Haupt- und Nebenstollen liegen 200 Meter unter dicken Granit- und Gneisschichten. Temperatur und Luftfeuchtigkeit bleiben ohne Zutun konstant bei 10 Grad und 75 Prozent. Hier lagern in Edelstahlbehältern Tausende Kilometer Mikrofilm mit Millionen von Aufnahmen. Bewusst wurde auf die moderne Digitalisierung verzichtet. Die Mindesthaltbarkeit der Polyester-Filme ist auf 500 Jahre angelegt.

Auf diese Weise sind Kopien sämtlicher historisch relevanter Schriftstücke aus öffentlichen Archiven hier gelagert – Dokumente wie die Krönungsurkunde Ottos des Großen aus dem Jahre 936, die Baupläne des Kölner Doms, die Banndrohung gegen Martin Luther, des Vertragstextes des Westfälischen Friedens von 1648 bis hin zur Ernennungsurkunde Adolf Hitlers zum Reichskanzler. Jährlich kommen Millionen Fotos dazu.

Übertrieben? In jüngster Zeit gab es Ereignisse, bei denen trotz aller Bemühungen wertvolle Unikate verloren gingen: beim Einsturz des Kölner Stadtarchivs oder 2004 beim Brand der Anna-Amalia-Bibliothek in Weimar. Die Kopien im Barbarastollen ließen diese Verluste weniger schmerzlich ausfallen.

Gedämpftes Licht. Vereinzelte Sonnenstrahlen lassen die letzten Blätter rot und golden aufleuchten, auf den Wegen liegt das erste Herbstlaub. Es ist still hier im Wald auf dem Ruheberg, eine Stille, die der Würde des Ortes gerecht wird. Erst bei näherem Hinschauen sehe ich an den Baumstämmen kleine, einfache Schilder, darauf Vor- und Nachnamen, Geburts- und Sterbedaten.

Die Gemeinde Oberried eröffnete 2006 den deutschlandweit ersten Ruheberg – und noch heute besticht die Wahl des Ortes. Vom romantischen Zastlertal aus führt ein kurvenreicher Weg zu einer Bergkuppe auf über 1.100 Metern Höhe. Der höchste Berg des Schwarzwalds, der Feldberg, ist nur fünf Kilometer entfernt. Rotbuchen, Bergahorn, Spitzahorn und Weißtannen, Eiben und immergrüne Stechpalmen bilden den natürlichen Rahmen für diesen außergewöhnlichen Ort der letzten Ruhe. Ausschließlich Urnen werden hier bestattet, sie gruppieren sich jeweils zu mehreren um einen der Bäume. Nichts deutet auf einen üblichen Friedhof hin. Es gibt keine Grabsteine, die auf den genauen Bestattungsort verweisen. Den Schmuck und die Pflege der Ruhestätte übernimmt einzig die Natur und wird vom Gang der Jahreszeiten bestimmt. Frisches, hoffnungsvolles Grün im Frühling, die Schatten spendenden Laubkronen im Sommer, das bunte Laub im Herbst. Vogelgezwitscher. Im Winter legt der Schnee ein zusätzliches Ruhetuch über die Erde. Dies ist die einzige Zeit, in der keine Bestattungen stattfinden, die Gemeinde nimmt die Urne in der Zeit in Verwahrung.

Auch wenn sich der Ruheberg mitten im Wald befindet, liegt er dennoch nicht völlig abseits. Das Zastlertal ist ein beliebtes Naherholungsgebiet. Typisch für das weit verstreute Dorf sind die vielen alten Holzhäuser und Einzelgehöfte. Es gibt vorzügliche Möglichkeiten zum Mountainbiken, Klettern und Skifahren. Am Ende des Tales führt einer der vielen attraktiven Wanderwege über das Zastler Loch, ein Gletscherkar mit alpinen Pflanzen, bis hoch zum Feldberggipfel.

Der Steinwasenpark hinter Oberried ist ein Freizeitpark mit Wildgehege inmitten des Schauinslander Bergwaldes.

DIE HÖLLENTALBAHN FÜHRT VOM FREIBURGER HAUPTBAHNHOF DURCH DREISAMTAL UND HÖLLENTAL BIS ZUM TITISEE.

Es gibt Menschen, die gerne mit der Bahn fahren. Nicht die verspätungsgeplagten Pendler auf den Hauptverkehrsstrecken, sondern die große Gruppe der Eisenbahnenthusiasten. Ich bin einer von ihnen. Als Kind hat es bei mir bereits angefangen. Der Vater musste unermüdlich Eisenbahnen malen, die Spaziergänge mit der Mutter führten unvermeidlich zum Bahnhof. Ein Bahnhof ist für mich wie ein Flugplatz, Eingang zu einer Welt neuer Orte, Menschen, Erlebnisse. Die Kraft, die Geschwindigkeit, der Geruch der Züge haben es mir bis heute angetan. Und die Bahnstrecken. In Zeiten von Ohrstöpseln und Wischhandys sitze ich und schaue zum Fenster hinaus. Einfach so. Wenn man dann noch mit der Höllentalbahn eine der schönsten Bahnstrecken Deutschlands direkt vor der Haustür hat ...

Der echte Eisenbahn-Aficionado wird bereits aufmerksam, noch ehe der Zug überhaupt losfährt. Minus 1,5 Kilometer zeigt das Kilometerschild. Die Erklärung folgt bereits kurz darauf: Der Stadtteil Wiehre hatte sich zu Beginn des 20. Jahrhunderts zu einem begehrten Wohngebiet entwickelt, in dem der Lärm, Qualm und Gestank nicht mehr erwünscht waren. Die Bahnlinie wurde daraufhin ein Stück nach Süden verlegt und dadurch länger. Die Schilder auf der ganzen Strecke wollte man deshalb nicht alle auswechseln!

Der Vorplatz des Wiehrebahnhofs wurde nach dem Bahningenieur Robert Gerwig benannt, der neben der 1887 eröffneten Höllentalbahn unter anderem die Schwarzwaldbahn von Offenburg über Triberg nach Singen sowie einen Teil der Schweizer Gotthardbahn plante. Auf den ersten Kilometern ahnt man noch nichts vom mühsamen Streckenbau, bei dem jahrelang über Tausend Arbeiter beschäftigt waren, darunter Spezialisten aus Italien. Gemütlich geht es durch die östlichen Freiburger Stadtteile Littenweiler und Kappel, danach durch das Zartener Becken, eine von Rosskopf und Schauinsland von weitem eingerahmte Kulturlandschaft entlang der Dreisam mit Maisfeldern und Streuobstwiesen. Ab dem Haltepunkt Himmelreich, der nicht nur seines Namens wegen (siehe Seite 105) die Aufmerksamkeit erregt, ändert sich die Szenerie völlig. Hier am Ende des Tales wartet der Lokführer auf den Gegenzug, es gibt keine Ausweichmöglichkeiten unterwegs. In der Zwischenzeit steigt der Zugbegleiter aus dem Wagen in den Führerstand um. Die Vorschrift der Bahn fordert, dass auf einer Steilstrecke die Lok mit zwei Personen besetzt sein muss. Falls der eine ausfällt, muss der andere den Zug zum Stehen bringen können! Zum Glück bleibt keine Zeit für die Passagiere, sich Sorgen zu machen. Von hier ab beginnt der wahrlich spektakuläre Teil der Fahrt. Auf den nächsten 11,5 Kilometern werden 430 Höhenmeter überwunden. Während die parallel verlaufende Straße durch den kleinen Ort Falkensteig dem Lauf des Rotbachs folgt, klettert die Bahnlinie kontinuierlich aufwärts. Das Tal wird enger, die Berghänge steiler. Gewaltige Stützmauern und insgesamt sieben Tunnel wechseln sich ab. Durch eine Engstelle quetscht sich die Bahn in das eigentliche Höllental. Auf einem der bis zu 600 Meter emporragenden Felsvorsprünge kennzeichnet der Hirschsprung den Ort, an dem der Sage nach ein Hirsch auf der Flucht vor seinen Häschern mit einem gewaltigen Sprung über die Schlucht entkommen sei. Kurz danach beginnt die technisch aufwendigste Passage der Strecke, die hier eine Steigung von bis zu 55 Prozent bewältigen muss. In den Anfangsjahren war dies ab hier nur mit einer zusätzlichen Zahnradlok zu bewältigen, die auf einer zwischen den Gleisen verlegten Zahnstange die Wagen ähnlich einer Bergbahn nach oben zog. Noch heute erlaubt die Bahn bei der Talfahrt eine Geschwindigkeit von maximal 50 Stundenkilometern! Ohne Pause wechseln die Ausblicke im Minutentakt. Posthalde und Höllsteig werden passiert, ehemalige Haltepunkte, deren Namen noch heute auf die früher mühevolle Durchquerung des Schwarzwaldes hinweisen. Am Ende des Tales erwartet die Reisenden das 224 Meter lange, überaus imposante Ravennaviadukt. In 40 Metern Höhe führt die Strecke über neun große gemauerte Rundbögen. Neben der Straße, die sich von hier aus in steil gewundenen Serpentinen nach oben windet, erkennt man das Hofgut Sternen, seit Jahrhunderten der wichtigste Ort für die Reisenden durch diesen Teil des Schwarzwalds. Das inzwischen zu einem modernen Hotel ausgebaute Rasthaus zählte einst illustre

Namen wie Marie Antoinette und Johann Wolfgang von Goethe zu seinen Gästen. Heute lässt sich von hier aus durch die wildromantische Ravennaschlucht wandern.

Nach der Brücke verschwindet die Höllentalbahn im Ravennatunnel und erreicht kurz darauf Hinterzarten, wo bereits wieder der nächste Gegenzug wartet. Der Zugbegleiter steigt wieder zu den Passagieren um, die Bahnstrecke hat ihren Scheitelpunkt erreicht. Durch eine reizvolle Hochmoorlandschaft vorbei an alten Schwarzwaldhöfen geht es zum Titisee. Ursprünglich aus einem Feldberggletscher entstanden, ist er heute eine der Hauptattraktionen für den Fremdenverkehr im Südschwarzwald. Die Hauptstrecke der Bahn führt von hier aus weiter über Neustadt und Löffingen nach Donaueschingen. Wer gerne noch tiefer in den Schwarzwald fahren möchte, steigt hier um in die Drei-Seen-Bahn, eine Teilstrecke, die ihren Namen von Titisee, Windgfällweiher und Schluchsee erhalten hat. Mit 967 Metern über dem Meer ist die Station Feldberg-Bärental der höchstgelegene Bahnhof auf der höchstgelegenen Bahnstrecke Deutschlands. Endstation ist Seebrugg am Schluchsee. Auf der Rückfahrt nach Freiburg bietet der Blick aus den modernen Doppelstockwagen noch einmal Gelegenheit, den Schwarzwald von seiner schönsten Seite kennenzulernen!

✿ Die besten Ausblicke bei der Fahrt zum Titisee und weiter zum Schluchsee gibt es von den Plätzen in Fahrtrichtung rechts. Bei der Heimfahrt nach links wechseln!

Himmelreich

ES IST NORMAL, VERSCHIEDEN ZU SEIN
Hofgut Himmelreich

In einem der bekanntesten Werke der Weltliteratur verrät der Fuchs dem kleinen Prinzen sein Geheimnis: »Man sieht nur mit dem Herzen gut. Das Wesentliche ist für die Augen unsichtbar.«

Ein Hotel am Eingang zum wildromantischen Höllental im Südschwarzwald – einladende, moderne Gästezimmer, badische Lebensart im Restaurant mit regionaler und internationaler Küche, eine Akademie zur Berufsvorbereitung, Kiosk, Reisebüro und DB-Agentur im nahe gelegenen Bahnhof Himmelreich. Wanderer, Radfahrer und Kurzurlauber sind hier ebenso zu Gast wie Ausflugsbusse und Biker. Einhellig werden in den Einträgen im Gästebuch und den Internetportalen die hohe Qualität des Services und die Freundlichkeit des Personals gelobt.

Eines der vielen empfehlenswerten Ausflugsziele im Schwarzwald? Das integrativ geführte Hofgut Himmelreich ist mehr als das. Hier arbeiten seit 2004 Menschen mit und ohne Behinderung gemeinsam, die mit großem Einsatz versuchen, das Beste aus ihren Fähigkeiten zu machen. Normal? Wer mit dem Herzen sieht, wird dies sofort bejahen. Die jungen Frauen und Männer, die im Restaurant an den Tischen bedienen, am Tresen ausschenken, in der Küche Mahlzeiten zubereiten und in den Gästezimmern nach dem Rechten sehen, haben mit großer Willensstärke genau das getan. Ihr Einsatz und ihre erfolgreiche Arbeit sind der tägliche Beweis dafür, dass es sich lohnt, jedem Menschen eine Chance zu geben. Eine Behinderung nicht als Makel zu sehen, sie nicht von vorneherein als generelle Unfähigkeit abzutun, das ist das große Verdienst aller hier Beschäftigten.

Richard von Weizsäcker prägte den Satz: »Was wir zu lernen haben, ist so schwer und doch so einfach und klar: Es ist normal, verschieden zu sein.« Wer auf dem Hofgut Himmelreich zu Gast war und mit dem Herzen sieht, wird dieser Aussage gerne zustimmen.

✍ Das Hofgut Himmelreich kann mit der Drei-Seen-Bahn vom Hauptbahnhof Freiburg direkt angefahren werden. Von dort aus gibt es zahlreiche weitere Ausflugsziele im Höllental.

MARTIN HEIDEGGER RUNDWEG /// ENDE DER RADSCHERTSTRASSE ///
79674 TODTNAUBERG ///

BERGWELT SÜDSCHWARZWALD /// KURHAUSSTRASSE 18 ///
79674 TODTNAUBERG /// 0 76 71 / 96 96 90 ///
WWW.BERGWELT-SUEDSCHWARZWALD.DE/DE/KULTUR/PHILOSOPHIE.PHP ///

»Der Mensch ist nicht der Herr des Seienden. Der Mensch ist der Hirt des Seins.« Die Holzschindeln an den Außenwänden verleihen dem bescheidenen Holzhaus das Aussehen eines schuppigen Tieres, das sich hier zusammengerollt hat. Geduckt schmiegt es sich an den Berghang über dem Dorf. Aus einem geschnitzten Trogbrunnen plätschert frisches Wasser wie vor 100 Jahren. Tür und Läden der Hütte sind geschlossen. Trotzdem glaubt man, ihr Besitzer müsse jeden Moment heraustreten, seinen derben Lederrucksack schultern und sich auf einen seiner langen Spaziergänge durch die unberührte Schwarzwaldnatur aufmachen.

Das Häuschen ist immer noch im Besitz der Familie des Mannes, der bis zum heutigen Tage umstritten ist und gleichzeitig für viele als der größte Denker des 20. Jahrhunderts gilt. Als bodenständiger Mensch aus Meßkirch, dem kleinen Städtchen in Oberschwaben, brauchte Martin Heidegger zeitlebens den Ausgleich, das Zurück zur Natur. Anfang 30 ließ er sich ein kleines Haus oberhalb von Todtnauberg bauen. Die »Hütte«, wie er es nannte, war fortan sein ganz privates Refugium. Hier entstanden Teile seines berühmtesten Werkes *Sein und Zeit.* Hier empfing er Besucher wie Paul Celan, Werner Heisenberg und Rudolf Augstein. Hierher zog er sich zurück, um neue Kraft zu tanken, um seinem forschenden Geist Ruhe und Konzentration von den Wirren der Stadt und der Menschen zu ermöglichen.

Auf dem Martin-Heidegger-Panoramaweg wechseln herrliche Blicke auf die umliegenden Berge und das Todtnauer Tal. An den Hängen des Schwarzwaldes rund um die Hütte versucht die Gemeinde Todtnauberg, mit ergänzenden Hinweistafeln dem Besucher ein wenig von dem Manne zu vermitteln, dessen gewaltige Gedankengebäude von hier ihren Ausgang genommen haben. Sein und Zeit. Der Zeit konnte Heidegger entfliehen. Das Sein fand er hier.

Im nahe gelegenen Todtnau stürzen sich Deutschlands größte Wasserfälle auf 97 Metern in die Tiefe. Der obere Teil ist von einem Parkplatz am Ortseingang von Todtnauberg bequem erreichbar.

KANDEL, BELCHEN ODER BLAUEN BIETEN SICH
BEI INVERSIONSWETTERLAGE ALS LIEBLINGSPLÄTZE AN.

WWW.SCHWARZWALD-TOURISMUS.INFO/SERVICE/WEBCAMS-WETTER ///

London, 19. Jahrhundert. Im East End sieht man die Hand vor Augen nicht. Undurchdringlicher Nebel, düsteres Licht. Geheimnisvolle Schatten tauchen auf. In einem dunklen Hauseingang lauert die Gefahr ...

Jack the Ripper ist Geschichte. Aber es gibt sie immer noch, die Tage, an denen man die Sonne nicht sieht. An denen kalter, feuchter Nebel das Rheintal füllt und die Hänge des Schwarzwalds emporkriecht. An denen die Straßenlaternen fahl leuchten und die Brille beschlägt. Was bleibt, ist die Flucht in die Einkaufshäuser und Boutiquen, in Kinos und Restaurants.

Doch es gibt Hoffnung. Entlang des Oberrheins kommt es vor allem in den Wintermonaten zu einer meteorologischen Besonderheit. Die feuchte, schwere Luft sinkt von den Bergen herab, die Temperaturen kehren sich um. Während dieser Inversionswetterlage liegen die Täler tagelang unter einer diesigen Wolkendecke. Es kühlt merklich ab. Wer es sich leisten kann, wird an einem solchen Tag mit Bus oder Auto auf einen der Gipfel fahren, die über 1.000 Meter emporragen. Kandel, Belchen, Feldberg, Blauen sind auf diese Weise alle erreichbar. Es ist ein unvergessliches Erlebnis, wenn man innerhalb von Sekunden aus trüber Suppe heraus in strahlenden Sonnenschein unter blauem Himmel gelangt. Sofort wird es deutlich wärmer. Sonnenbrandgefahr! Nicht nur für Ski- und Snowboardfahrer ist dieses Wetterphänomen ein Grund, nach hier oben zu kommen. Reinhard Mey lässt grüßen. Die Aussicht ist atemberaubend, ein Gefühl grenzenloser Freiheit. Es ist, als ob man mit dem Flugzeug über ein Meer aus geschlagener Sahne schwebt, aus dem die Gipfel der Berge herausragen wie Inseln.

Nach einem solchen Tag über den Wolken sind die Speicher mit Glückshormonen wieder gefüllt. Natürlich fällt es schwer, am Abend den umgekehrten Weg nach unten zu gehen. Doch zum Glück bleibt immer noch das Kino.

✍ Auf allen wichtigen Bergen im Südschwarzwald gibt es Webcams, mit denen man sich vorab über die Sicht informieren kann.

SCHWARZWÄLDER SCHINKENMUSEUM /// FELDBERGTURM ///
79868 FELDBERG ///
WWW.HOCHSCHWARZWALD.DE/MEDIA/ATTRAKTIONEN/
SCHWARZWAELDER-SCHINKENMUSEUM ///

ALLERHÖCHSTE GENÜSSE
Schwarzwälder Schinkenmuseum

Eine Anekdote aus dem 19. Jahrhundert berichtet von einer Schwarzwälder Bauersfrau im Holzabteil des Zuges nach Straßburg. Sie hatte zwei große geräucherte Schinken dabei, die sie auf dem Markt verkaufen wollte. Doch wie sollte sie die beiden Prachtexemplare am Zoll vorbeibringen? Ehe die Grenze erreicht wurde, setzte sie sich kurzerhand darauf und verbarg die Schätze unter ihrem Rock. Auf die strenge Frage, ob sie nichts zu verzollen habe, klopfte sie sich auf die Schenkel und antwortete verschmitzt: »Doch, zwei Schwarzwälder Bauernschinken!« Worauf der Zöllner sie lächelnd passieren ließ.

Hauchfein in Scheiben von der Schwarte geschnitten oder als Speck zum deftigen Bauernvesper – wenn sich das typische Aroma aus Tannenreisern und Wacholderbeeren (unter anderen!) entfaltet, wird die Schwarzwälder Spezialität zu einem Gaumenfest für jeden Genießer. Seit 2013 ist der Schwarzwälder Schinken ganz hoch hinaus gekommen: Auf dem Gipfel des Feldbergs, der höchsten Erhebung des Schwarzwaldes, ist im dortigen Aussichtsturm ein Museum eingerichtet, in dem multimedial und interaktiv alles Wissenswerte von der Geschichte über die Herstellung bis hin zu Rezepten zu erfahren ist. Auch für Vegetarier zu empfehlen!

In modernen Zeiten ist die Sache nicht mehr so einfach wie bei der Bäuerin im Zug. Einst wurde die eigene Sau geschlachtet und ihre Keulen in den Rauchfang über der Kochstelle gehängt. Nach Wochen und Monaten überzog eine dicke Schicht das Fleisch, das dadurch haltbar wurde und durch Holz und Gewürze einen unvergleichlichen Geschmack annahm. Heute gibt es im ganzen Schwarzwald nicht so viele Schweine, wie ihre Schinken weltweit verkauft werden. Wenigstens gelang es den Herstellern 1997, den Schwarzwälder Schinken zu einer gesetzlich geschützten geografischen Angabe zu machen, die zumindest die Herstellung und Verpackung im Schwarzwald garantiert.

✐   Das Haus der Natur ist ein multimediales Infozentrum rund um Feldberg und den Schwarzwald.

Es war die bis dahin größte Sensation in der Geschichte des Skisports. Die Nordische Kombination – der Doppelwettbewerb aus Skisprung und Langlauf – war eine Erfindung der Norweger und von Beginn an fest in der Hand der skandinavischen Sportler. Seit der Einführung der Olympischen Winterspiele 1924 hatten sie stets gewonnen. Bis zu jenem 19. Februar 1960, als der damals 22-jährige Georg Thoma aus Hinterzarten sämtliche Favoriten düpierte und die Goldmedaille in den Schwarzwald entführte.

Der liebevoll »Jörgle« Genannte wurde zum Volkshelden und ist es bis heute geblieben. Besucher können seine Goldmedaille als eines der zentralen Ausstellungsstücke des Hinterzartener Skimuseums im Hugenhof bewundern, einem der ältesten erhaltenen Bauernhöfe der Region. Hier wird die Geschichte des Winteralltags und des Wintersports im Schwarzwald in mehreren Räumen ausführlich dokumentiert. Die im Zeitalter von App-gesteuerter Pelletheizung und Hightech-Snowboards aufgewachsenen Besucher reiben sich erstaunt die Augen über die handgeschnitzten Skier der Anfangsjahre, die mit Lederriemen an klobige Stiefel geschnallt wurden, die Bambusstöcke mit ihren Riesentellern und die dicken Strümpfe aus ungewaschener Schafwolle. Es gibt Skifilme aus den 30er-Jahren, die Geschichte der Wintersportmode und immer wieder originale Startnummern, Medaillen, und Erinnerungsstücke bekannter Namen wie Dieter Thoma und Sven Hannawald.

Hinterzarten ist mit der Bahn bequem von Freiburg aus erreichbar und idealer Ausgangspunkt weiterer Unternehmungen. Etwa einer Wanderung zum Häuslebauernhof mit der höchstgelegenen vertikalen Sonnenuhr Deutschlands oder zum mystischen Mathisleweiher. Im Adler-Skistadion am Ortsrand bietet sich Gelegenheit, eine Skischanze aus nächster Nähe zu sehen. Und wer weiß – vielleicht trainiert vor Ihren Augen gerade ein künftiger Olympiasieger!

🖉 Im Tourismusbüro vor Ort erhält man Beratung und Informationen zur gesamten Naturregion Hochschwarzwald.

VOM GRAND HOTEL ZUM GEHEIMTIPP

Café Goldene Krone St. Märgen

»Nein, so weit sind sie noch nicht!«, lacht der freundliche Herr auf dem gestreiften Sofa mir gegenüber. »Aber wie ich die Damen kenne, arbeiten sie daran.« Die Rede ist vom Kaffee, der als eines der wenigen Produkte nicht aus der Region stammt. Doch die Betreiberinnen des Cafés Goldene Krone in St. Märgen haben viel erreicht.

Wer heute die gemütliche Wohnzimmeratmosphäre in dem gut besuchten Gastraum mit Holztischen und Kachelofen genießt, dem fällt es schwer zu glauben, dass das Haus in der Dorfmitte noch bis vor wenigen Jahren dem Verfall preisgegeben war. Vorbei waren die Zeiten, in denen das Jugendstilgebäude mit seiner luxuriösen Ausstattung eines der Grandhotels im Südschwarzwald war und Gäste wie Konrad Adenauer und Martin Heidegger begrüßen durfte. Das Haus stand vor dem Abriss. »Nein, es war kein Wunder«, erklärt der Herr, der sich als einer der Hausbewohner über dem Café entpuppt, »sondern ein Beispiel für engagierte Bürger.« Mit großem persönlichen Einsatz wurde das Gebäude von Grund auf saniert. Die attraktiven Wohnungen waren sofort vergeben. Die Geträume übernahm eine Gruppe St. Märgener Landfrauen, die seither in Teilzeit, jede nach ihren Fähigkeiten, in der Küche oder im Service arbeiten. Von Beginn an standen Nachhaltigkeit und Qualität an oberster Stelle. Alle Lieferanten kommen aus der Region und sind persönlich bekannt. Das frisch zubereitete Angebot ist vielfältig und verführerisch. Es reicht von deftiger Nudelsuppe bis zum Vesperteller. Spezialität ist der Käsemichel, eine Eigenkreation aus überbackenem Käse. Für den süßen Hunger gibt es tagesfrisch selbst gebackene Kuchen und Torten, als Mitbringsel Limonaden, Liköre, Schnäpse und Honig. »Inzwischen kommen die Gäste eigens für einen Besuch im Café hier hoch ins Dorf«, freut sich mein Nachbar. »So wie ich«, antworte ich und bestelle ein weiteres Stück Kuchen. Und einen Kaffee.

⌂ St. Märgen ist Ausgangspunkt für Wanderungen auf den Schwarzwaldhöhen mit atemberaubenden Ausblicken. An heißen Sommertagen bietet das Naturfreibad am Ortsrand Erfrischung.

HEXENLOCHMÜHLE /// HEXENLOCHSTRASSE ///
78120 FURTWANGEN-NEUKIRCH /// 0 77 23 / 73 22 ///
WWW.HEXENLOCHMUEHLE.DE ///

»Es klappert die Mühle am rauschenden Bach, klipp klapp …« Vor fast 200 Jahren, zur selben Zeit, als das bekannte Volkslied der Romantik entstand, wurde bei Furtwangen die Hexenlochmühle gebaut. Der Platz im Tal an dem schnell fließenden Bach war gut gewählt. Getreide wurde allerdings hier nie gemahlen. Anfangs trieb das Rad den Holzhammer für eine Nagelschmiede. Später wurde ein weiterer Bau mit einem zweiten Rad für eine Holzsäge dazugebaut, Grundlage für die Werkstatt des Uhrengestellmachers, die in Zeiten der damals florierenden Schwarzwälder Uhrenindustrie reichlich Arbeit hatte. Das mechanische Zusammenspiel von Holzrädern, ledernen Transmissionsriemen und Sägeblättern ist noch heute funktionsfähig und entlockt dem modernen Besucher ein anerkennendes Staunen.

Der Blick in die Industriehistorie ist nur ein Teil dessen, was die Hexenlochmühle zu einem weltweit bekannten Fotomotiv und begehrten Ausflugsziel macht. Die Lage in dem engen Tal ist einzigartig. Ringsum Wald und Felsenklüfte, üppig grün und einladend im Sommer, eisverkrustet märchenhaft im Winter, dazu das ständige Rauschen des Wassers. Der mit dunkelbraunen Schindeln verkleidete Bau mit den sich gegenläufig drehenden großen Rädern bildet eine wunderbar harmonische Einheit und ist neben Bollenhut und Kuckucksuhr ein Symbol für den Schwarzwald schlechthin. Liebe auf den ersten Blick – so war es bei mir, und so ist es bei Besuchern aus aller Welt, die stets gerne hierher zurückkommen.

Die Hexenlochmühle ist aber auch Ausgangspunkt für Wanderwege mit spektakulären Zielen. Im Wald oberhalb des Tales findet man den Balzer Herrgott, eine fast vollständig in den Baum eingewachsene Christusfigur. Vom benachbarten Tal aus lohnt ein Besuch der Zweribachwasserfälle, gut versteckt mitten im Wald, ein mystischer Ort, an dem heute noch Elfen und Nixen tanzen.

✍ Die Straße nach Wildgutach wird als Geheimtipp unter Zweiradfahrern gehandelt, die ehrfürchtig herabbremsen und in geruhsamer Fahrt die Schönheit des Schwarzwaldes genießen.

DER NORDWESTEN – KAISERSTUHL UND RHEIN

PFLEGESTATION WEISSSTORCH-BREISGAU FREIBURGER STRASSE 27 ///
79276 REUTE /// 0 76 41 / 4 76 17 ///
WWW.WEISSSTORCH-BREISGAU.DE ///

ADEBARS RÜCKKEHR – KLAPPERN GEHÖRT ZUM HANDWERK!

Storchennester in Reute

44

Es herrscht Unruhe im Nest. Längst hat der Storch die Silhouette seines Partners erspäht, der sich am blauen Himmel in majestätischen Kreisen über den Dächern nähert. Aufgeregtes Geklapper ertönt. Flaumige Hälse recken sich dem Ankömmling entgegen. Gleich werden die ewig hungrigen Jungvögel ihre ersehnte Mahlzeit bekommen.

In der Zeit nach dem Nestbau und der Eiablage teilen sich die Eltern die Arbeit. Während einer der Vögel das Nest bewacht, fliegt der andere zu den nahe gelegenen Wiesen, Feldern und Rheinauen, immer auf der Suche nach Fröschen, Würmern, Insekten, Fischen und Mäusen. Unermüdlich wird das prächtige weiß-schwarze Gefieder geputzt und das Nest gesäubert. Am Abend kann man die stolzen Vögel am besten beobachten. Bedächtig stolzieren sie mit ihren langen roten Beinen den Dachfirst entlang. Faszinierend der An- und Abflug und das Kreisen über dem Nest. Dazu immer wieder das charakteristische Geräusch der langen Schnäbel, das dem Klapperstorch seinen Namen gegeben hat. Der Weißstorch ist wieder zu Hause im Breisgau.

Doch es gab auch andere Zeiten. In den 60er- und 70er-Jahren war der traditionelle Lebensraum der Störche am Oberrhein massiv bedroht. Großflächige Entwässerung und verstärkter Einsatz von Pestiziden machten es den Störchen immer schwerer, ausreichend Futter zu finden. Der Bestand der beliebten und symbolträchtigen Vögel nahm dramatisch ab. 1975 wurden nur noch 15 Brutpaare gezählt. Dass es heute wieder über 600 sind, und zu vielen Gemeinden wie früher wieder das Storchennest gehört, ist neben dem zunehmenden Umweltbewusstsein vor allem dem unermüdlichen Einsatz Einzelner zu verdanken. Der Verein Weißstorch-Breisgau in Reute unterhält seit vielen Jahren eine Pflegestation. Kranke und verletzte Vögel, aber auch Jungtiere, deren Eltern verunglückt sind, werden in Volieren gepflegt, großgezogen und ausgewildert.

🖎 Viele Horste sind mit Webcams ausgestattet, mit denen man die Störche ungestört aus der Nähe beobachten kann.

INSPIRIERENDE GEGENSÄTZE

Riegel am Kaiserstuhl

45

Der überdimensionale Bocciaspieler ist aus den Fugen geraten. Konnte sich der Künstler nicht entscheiden? Sind da etwa zwei Skulpturen zu einer vermischt worden? Lange und kurze Arme, dicke und dünne Beine? Die riesige Kugel kriegt der doch nie …? Doch je länger ich die Figur betrachte, desto mehr erschließt sich mir die perfekte Ausgewogenheit lebendiger Gegensätze. Dem Bildhauer ist es gelungen, in einer einzigen Plastik den Geist des Ortes exakt einzufangen. Denn das scheinbar Getrennte steht sich nicht feindlich gegenüber. Im Gegenteil, es ergänzt und vereint sich zu einem großen Ganzen.

So wie die drei Breisgauflüsse Glotter, Dreisam und Elz, die direkt daneben innerhalb weniger hundert Meter zusammenfließen. Die majestätisch dahingleitenden Schwäne stören sich ebenso wenig an dem Angler, der mit seinen Riesenstiefeln im Wasser geduldig wartet, wie an dem Fauchen des Rebenbummlers: einem Museumszug, der mit originaler Lok und Wägen im Sommer den Kaiserstuhl umrundet. Der Ort, auf den der Bocciaspieler hinweist, zeigt, wie auf architektonisch anspruchsvolle Weise die Gebäude der ehemaligen Riegeler Brauerei umgebaut wurden und heute neben modernen Wohnungen die Kunsthalle Messmer, ein räumlich großzügiges Museum mit Werken des 19. und 20. Jahrhunderts beherbergt.

Die Skulptur lädt ein, den Ort zu entdecken, der die Zukunft ergreift, aber auch die Vergangenheit pflegt. Die Michaelskapelle auf dem Hügel steht dort seit über tausend Jahren, der rekonstruierte Mithras-Tempel war einst Sol Invictus Mithras geweiht, dem »unbesiegten« Sonnengott, der zur Römerzeit auch in den deutschen Südwesten gebracht wurde.

Es wundert nicht, dass sich heute in Riegel viele Künstler niedergelassen haben. Bei den Tagen der offenen Ateliers zeigen sie, wie inspirierend und zukunftsweisend die Vereinigung der Gegensätze sein kann.

🎭　In der *Kumedi*, einer Kleinkunstbühne in einem umgebauten ehemaligen Bahnhofsgebäude, werden mit Vorliebe badischschwäbische Eigenheiten auf die Schippe genommen.

DIE RHEINAUEN FINDEN SICH WESTLICH VON WYHL,
DER BESCHILDERUNG AM ORTSENDE FOLGEN.

WYHLER RHEINAUEN /// 79369 WYHL AM KAISERSTUHL ///
WWW.WYHL.DE ///

»Nai hämmer gsait!« Etwas ausgeblichen ist sie schon, die Schrift auf dem mannshohen Granitblock am Rande des Parkplatzes in den Wyhler Rheinauen. Dabei ist es noch keine 50 Jahre her, dass die Augen der Öffentlichkeit auf den kleinen Ort am Oberrhein gerichtet waren und Deutschland alemannisch sprechen lernte.

Mitte der 70er-Jahre war die hohe Zeit des technischen Fortschrittsglaubens. Das Land boomte, der Energiebedarf wuchs, die Ölkrise hatte die Autofahrer erschüttert. Die Planungen für ein neues Atomkraftwerk im Südwesten waren weit vorangeschritten. Doch dann geschah Unerhörtes. Zum ersten Mal in der Geschichte des Landes widersetzte sich die Bevölkerung einem Großprojekt. Die Menschen aus der Region sagten Nein. Bauern, Winzer, Handwerker, Hausfrauen, Studenten, einfache Leute, Akademiker – ein breiter Widerstand erhob sich, der auch vor der Grenze ins Elsass nicht Halt machte. Es gab Demonstrationen, Sternfahrten mit Traktoren, der vorgesehene Bauplatz wurde besetzt, die Rodungen gestoppt. Der Staat schlug mit Polizeigewalt zurück. Der damalige Ministerpräsident prophezeite gar, dass ohne das AKW Wyhl im Land bis spätestens 1980 die Lichter ausgehen würden. Doch das Gegenteil trat ein. Der Widerstand wuchs, die Solidarität dehnte sich weit über die Region hinaus aus. Am Ende musste die Regierung nachgeben. Das Ende des AKW Wyhl war der Beginn einer neuen Bewegung unabhängig von traditioneller linker und rechter Parlamentskultur. Es wurde zur Geburtsstunde der Umweltbewegung und letztlich der Grünen.

Statt des geplanten Gebäudekomplexes mit mehreren Kühltürmen dehnt sich heute ein beliebtes Naherholungsgebiet aus. Die einzigartige Flussauenlandschaft entlang des Rheins, in der unzählige Tier- und Pflanzenarten zu Hause sind, hält die Erinnerung wach. Selbst wenn der Gedenkstein allmählich verblasst.

✎ Nördlich von Wyhl beginnt das Naturschutzgebiet Taubergießen. Die geführte Tour in einem traditionellen Fischerkahn ist ein besonderes Erlebnis.

DAS NATURSCHUTZGEBIET ERLETAL BEGINNT SÜDLICH DES ORTES HINTER DEM SPORTPLATZ.

**STADT ENDINGEN /// MARKTPLATZ 6 ///
79346 ENDINGEN AM KAISERSTUHL /// 0 76 42 / 68 99 90 ///
WWW.ENDINGEN.DE ///**

Schon als Kind erwachte in mir die Liebe zu den Bäumen – allen voran zu drei mächtigen Kastanien, an die ich mich heute noch erinnere. Zu einer Zeit, als sich die Kinder noch zu Fuß und ohne Termindruck von der Schule nach Hause aufmachten, kam ich zweimal am Tag an ihnen vorbei. Die Kastanien waren für mich gutmütige Wächter, die ihre riesigen Zweige über mich hielten. Im Frühjahr schmückten sie sich üppig mit Blüten, die einem Wunder gleichkamen. Am schönsten waren natürlich die aus stachligen Schalen glänzenden rehbraunen Früchte, die zu Hause mit Streichhölzern zu kleinen Männchen und Fabelwesen verarbeitet wurden.

Eine Allee aus hundert Kastanienbäumen ist ein Traum, und diesen gibt es im Endinger Erletal, nur wenige Schritte von der Ortsmitte entfernt. Umgeben ist die Allee von der letzten Feuchtwiese am Kaiserstuhl, ein Naturschutzgebiet mit Pflanzen wie Wollgras und seltenen Orchideen, die auf der Roten Liste bedrohter Arten stehen. Kleinen Gruppen von Schwarzerlen verdankt das Tal seinen Namen. Hier ist zugleich Ausgangspunkt des Kaiserstuhlpfades. Dieser Prädikatswanderweg führt von Nord nach Süd zunächst zum 492 Meter hohen Katharinenberg mit seinem herrlichen Rundblick über die gesamte Rheinebene, dann durch Laubwälder und Weinberge bis Ihringen (von dort mit der S-Bahn bequem zurück nach Freiburg).

Doch heute werde ich zurück in den Ort gehen. Ich werde gemütlich im Café am historischen Marktplatz einen Kaffee trinken und überlegen, eines der beiden Museen zu besuchen. Das Vorderösterreichmuseum mit der Erinnerung an Endingen als westlichsten Außenposten Wiens bis zu Beginn des 19. Jahrhunderts. Oder das Käsemuseum, in dem es neben einer Sammlung Gerätschaften zur Käseherstellung leckere Kostproben gibt. Vielleicht bleibe ich aber einfach nur sitzen und bestelle ein Eis. Denn dies könnte problemlos ein weiterer Lieblingsplatz werden.

✎ Das Erleloch ist ein etwa 100 Meter langer Tunnel, durch den früher Wasser aus dem Nachbartal nach Endingen geleitet wurde. Begehbar – nur für Mutige!

TEXASPASS / AUF DEM ECK: PASSSTRASSE ZWISCHEN KIECHLINSBERGEN UND OBERBERGEN

TOURISMUSBÜRO NATURGARTEN KAISERSTUHL /// MARKTPLATZ 16 ///
79206 BREISACH AM RHEIN /// 0 76 67 / 94 01 55 ///
WWW.KAISERSTUHL.CC ///

»Texaspass« nennen viele die einem schwingenden Lasso ähnelnde Serpentinenstrecke zwischen Kiechlinsbergen und Oberbergen im Kaiserstuhl. Es könnte auch eine Passstraße in den Alpen sein. Der Blick vom Parkplatz in einer der Kehren lässt die Fantasie noch weiter schweifen. Sind es balinesische Reisfelder, die sich in weiten, sanften Bögen übereinander die Hänge entlangziehen? Oder die Feldterrassen der Inkas in den peruanischen Anden mit Mais, Kartoffeln und Quinoa? Was wie eine jahrhundertealte Kulturlandschaft aussieht, hat seinen Ursprung in den 60er- und 70er-Jahren des 20. Jahrhunderts. Damals fanden tiefgehende Eingriffe statt. Durch die Flurbereinigung wurden ganze Hügel abgetragen, Hohlwege zugeschüttet und Senken eingeebnet. Dafür entstanden große, zusammenhängende und leichter bebaubare Flächen, die den Arbeitseinsatz spürbar verringerten. Vom alten Charme ist damals vieles verloren gegangen. Heute, fast 50 Jahre später, findet man Natur und Kultur wieder in ästhetischem Einklang.

Wenn ich als Kind mit den Eltern auf der Autobahn Richtung Süden fuhr und am Kaiserstuhl vorbeikam, schaute ich immer ehrfürchtig und mit leichter Skepsis zu dem aus der Ebene aufragenden Berg hinüber. »Das war mal ein Vulkan«, hieß es jedes Mal. Und jedes Mal war die kleine Unsicherheit, ob er nicht wieder ausbrechen würde. Vielleicht gerade jetzt.

Als etwas nüchterner denkender Erwachsener habe ich gelernt, dass der einstige Vulkan seit Millionen Jahren erloschen ist und keine Gefahr mehr darstellt. Stattdessen tauchte die Frage auf, wo der Krater dieses Vulkans sei. Ist überhaupt noch etwas übrig davon? Vielleicht liegt er hier vor mir auf dem Parkplatz an dem Pass, der offiziell immer noch *Auf dem Eck* heißt.

In jedem Fall scheint es, als sei die Hitze des Erdinnern noch heute in der Erde spürbar, als saugten die Wurzeln der Rebstöcke Kraft und Wärme nach oben. Die milden Winde von Westen, der geringe Niederschlag und die Fülle von Sonnentagen kommen vor allem den anspruchsvollen Burgundersorten zugute. Neben Silvaner und Müller-Thurgau machen sie fast die Hälfte des Anbaus aus.

Der Weinkenner schätzt und findet aber auch hochwertige Spezialitäten wie Muskateller, Gewürztraminer, Auxerrois und Chardonnay. Die Winzer haben rechtzeitig erkannt, dass Qualität vor Quantität kommt. Einige der privaten Weingüter haben sich inzwischen einen internationalen Ruf erworben. Im Spätsommer hat man die Gelegenheit, beim jährlichen Weinfest in Breisach die Winzergenossenschaften vom Kaiserstuhl und vom benachbarten Tuniberg mit ihren Produkten kennenzulernen.

Wein, gutes Essen, Natur – auf einem der unzähligen Wanderwege lässt sich der Kaiserstuhl am schönsten erkunden. Sie beginnen und enden meist an einem Bahnhof oder Bushaltestelle und sind daher auch von Freiburg aus für einen Tagesausflug gut zu erreichen. Auf dem Kirschbaumpfad, einem der acht Themenwege, ist Gelegenheit, dem Namen Kaiserstuhl auf die Spur zu kommen. Im Westen bei dem Winzerdorf Leiselheim führt der Weg durch ein Rebgewann, das seit alters her den Namen *Gestühl* trägt. Es erinnert an einen Ort, an dem der mittelalterliche König Otto III. im Jahre 994 Gerichtstag abgehalten hat. Später wurde aus dem König der Kaiser, aus dem Gerichtsstuhl des Königs der Kaiserstuhl. Und so ist es geblieben. Zur Erinnerung haben die Leiselheimer einen überdimensionalen Holzstuhl mitten in die Reben gestellt.

Vom Parkplatz am Texaspass aus reicht der Blick über das idyllisch gelegene Oberbergen und die Rebterrassen bis zum Totenkopf, mit 556 Metern die höchste Erhebung inmitten der Weinberge. Auch für ihn stand Otto III. Pate, man sagt, dort seien die Todesurteile vollstreckt worden. Heute steht dort der Neunlindenturm, ein Aussichtsturm mit Blick über die ganze Rheinebene und den Schwarzwald. Der moderne Fernmeldeturm daneben ist für den Kaiserstuhl zum Erkennungszeichen geworden, das von Weitem zu sehen ist.

✐ Eine gute Gelegenheit, die verschiedenen Weine kennenzulernen, ist der Offene Winzerkeller. An Wochenenden laden die Winzergenossenschaften zur Weinprobe und Kellereibesichtigung ein.

DER STUHL DES KAISERS IM GEWANN GESTÜHL BEI LEISELHEIM

VON DER ORTSMITTE AUS RICHTUNG WEINBERGE HALTEN.
DIE EICHGASSE IST UNMITTELBAR HINTER DEM ORTSAUSGANG AUF DER
LINKEN SEITE.

EICHGASSE /// 79235 VOGTSBURG-BICKENSOHL ///
WWW.VOGTSBURG-IM-KAISERSTUHL.DE ///

Wenige Schritte genügen. Es wird still. Wie von einer Riesenhand gegraben schneidet sich der Pfad in den Berg. Bis zu 15 Meter hohe, kahle Wände säumen den schmalen Weg. Wo die Sonne nicht hinreicht, wird es merklich kühler. Wer in der kleinen Kaiserstuhlgemeinde Bickensohl die sonnenbeschienenen Wanderwege durch die Rebhänge verlässt und in die Eichgasse einbiegt, betritt in Sekunden eine andere Welt.

Noch heute lernt in der Regio jedes Kind in der Schule staunend die Entstehung des Kaiserstuhls, der sich vor Millionen von Jahren Feuer speiend mitten in der Rheinebene emporwölbte. Während der späteren Kaltzeiten wurden riesige Staub- und Sandwolken aus der damals kaum bewachsenen Rheinebene herangetragen. Schicht um Schicht lagerte sich der kalkhaltige Löss an den Hängen des Kaiserstuhls ab und erreichte eine Dicke bis zu 30 Metern. Löss ist ein Material, das sich menschlicher Erfindergeist nicht hätte besser ausdenken können. Es sorgt für gut durchlüfteten Boden und hält den Niederschlag wie ein Schwamm. Gleichzeitig ist er so stabil, dass meterhohe Steilwände und Terrassen herausgeschnitten werden können. Dagegen reicht bereits die Härte eines Daumennagels, um ein Muster hineinzuritzen. Der Eichweg ist wie die anderen Lösshohlwege durch das Zusammenspiel von Mensch und Natur entstanden. Die Tritte der Weinbauern und die Spuren der Wagenräder gruben sich über Jahrhunderte immer tiefer in den Boden ein, der Regen spülte den zerriebenen Löss aus.

Nur wenige der alten Hohlwege sind geblieben. Die Spezialisten unter den Tieren haben hier ihre Rückzugsgebiete gefunden – die aus dem Mittelmeerraum stammende Smaragdeidechse, die sich am warmen Felsen sonnt, der bunte Bienenfresser, der in die senkrechte Wand seine Nisthöhle gegraben hat, die zahlreichen Insekten in ihren winzigen Löchern. Wer die Stille nicht stört, wird sie entdecken.

✍ Weitere Lösshohlwege findet man in Ihringen, Bötzingen und Endingen.

Ein Kiosk am Rheinufer in Breisach, ein paar Tische und Bänke davor. Zwei Männer in Fahrradkluft stoßen mit einem Gläschen an. Gesprächsfetzen. Alemannisch der eine, Elsässisch der andere. Man versteht sich, lacht zusammen. Prostet den Fahrgästen zu, die am späten Nachmittag zurück in ihr Schiff strömen. Viele Holländer sind darunter, Italienisch und Spanisch hört man, Englisch sowieso. Schwyzerdütsch. Das Schiff fährt unter deutscher Flagge, der Kapitän ist Franzose.

Eine Viertelstunde zuvor war ich oben auf dem Hügel über der Stadt, dort, wo das 800 Jahre alte Stephansmünster weithin thront, ein kulturhistorischer Schatz mit seinem reich geschnitzten Altar und den Wandgemälden von Martin Schongauer. Rundum ein herrlicher Blick weithin in die Rheinebene, den Schwarzwald entlang, zu den Vogesen im Westen. Für das Auge gab es die Grenzen nie, hier war immer Europa. Die Mauern sind in den Köpfen. Nach den Erfahrungen endlos wechselnder Herrschaften, Belagerungen und Zerstörungen, zuletzt 1945, kam es in Breisach zu einem Bewusstseinswandel. Als erste Stadt überhaupt sprach sich die Bevölkerung schon 1950 in einer symbolischen Befragung zu 95 Prozent für ein einiges Europa aus. Passend dazu die Skulptur im Hof des Münsters: Sinnbild für das moderne Europa, das aus dem Boden herausbricht und nach den Sternen greift. Die schlanke Geliebte des Zeus, der kraftvolle Stier, ein starkes Bild. Doch Symbole reichen nicht, wenn die Menschen nicht danach handeln.

Ein paar Schritte vom Kiosk entfernt eine Bank am Rheinufer, vor mir im Wasser eine Schwanenmutter mit ihrem Jungen. Ich sitze, schaue, staune über das ungezwungene Miteinander auf dem Ausflugsschiff. Von Straßburg über Breisach nach Basel sagt der Fahrplan. Elegant zieht der Wasserskiläufer seine Bahnen. Das französische Ufer ist nur einen Steinwurf entfernt.

✍ Von Breisach kann man mit dem Schiff Kurzausflüge unternehmen, etwa nach Basel oder nach Colmar. Die Rheinbrücke nach Frankreich führt nach Neuf-Brisach. Die Stadt gilt als idealtypische Festungsanlage aus dem 18. Jahrhundert.

DER NORDOSTEN –
EMMENDINGEN UND DAS ELZTAL

ALAMANNENMUSEUM /// DENZLINGER STRASSE 24 A ///
79279 VÖRSTETTEN /// 0 76 66 / 8 82 00 42 ///
WWW.ALAMANNEN-MUSEUM.DE ///

Zuerst ein winziger Funke. Ein dünner Rauchfaden steigt auf. Kräftiges, aber wohldosiertes Pusten. Ein leises Knistern ertönt. Das erste zarte Glimmen lässt die Besucher erstaunen. Rasch mit trockenem Heu und kleinen Holzspänen gefüttert – kaum länger als eine Minute hat es gedauert, bis das kleine Feuer brennt. Staunen spiegelt sich in den Augen der Zuschauer. Sofort werden die Besucher angeregt, es danach selbst auszuprobieren.

Das Alamannenmuseum in Vörstetten bietet eine Fülle von Möglichkeiten, den Alltag unserer Vorfahren am Oberrhein mitzuerleben. Auf dem Freigelände mit einem rekonstruierten Wohnstallhaus als Zentrum finden sich Vorratsspeicher, Holzbackofen und ein Ziehbrunnen. Das museumspädagogische Konzept lädt überall zum Mitmachen ein. In den einfachen Werkstätten können wie vor 1600 Jahren Becher und Schüsseln getöpfert, Wolle gefärbt, gesponnen und gewebt, Werkzeug, Waffen und Schmuck geschmiedet oder aus Knochen und Holz geschnitzt werden. In einem großen Schaugarten wachsen traditionelle Getreidesorten wie Emmer, Einkorn und Dinkel. Vom Anbau über die Ernte, das Mahlen und das Backen im Lehmbackofen lässt sich der mühsame Weg vom Korn zum Brot nachverfolgen. Auf dem Bogenschießplatz kann der alamannische Langbogen ausprobiert werden. Staunend betreten die Besucher die Kultstätte mit ihrem Altar und überlebensgroßen Holzstatuen.

Den Alltag unserer Vorfahren erlebbar machen – dieses Motto hat sich der Museums- und Geschichtsverein von Beginn an zu eigen gemacht. Seit der Eröffnung 2009 wird das Museum ständig erweitert und ausgebaut. Doch auch die fachlich interessierten Besucher kommen auf ihre Kosten. Anhand zahlreicher Repliken und Originalfunde der nahe gelegenen Ausgrabungsstätte vertieft eine moderne Dauerausstellung auf zwei Stockwerken die Geschichte der frühen Alamannen im Breisgau.

✍ Zahlreiche Funde aus Südwestdeutschland sind in der Alemannenschatzkammer im Freiburger Colombischlössle ausgestellt.

Zum Unterenwaldweg

Moosgrabenweg

Kartbahn

VON TENINGEN RICHTUNG AUTOBAHN, BEIM KREISVERKEHR RICHTUNG BAHLINGEN, DANN DIREKT DANACH RECHTS ABBIEGEN.

KARTBAHN TENINGEN /// 79331 TENINGEN /// 0 76 41 / 5 33 40 ///
WWW.KARTBAHN-TENINGEN.DE ///

AUF SCHUMIS SPUREN
Kartbahn Teningen

52

Neben dem Parkplatz an der Autobahnauffahrt hinter Teningen ist ein Lärmschutzwall aufgeschüttet. Seltsamerweise nicht zur nahegelegenen A5 hin. Als ich aussteige, höre ich dahinter Motorengeräusche, die ungewöhnlich sind. Fahrzeuge zweifellos, doch zu hoch für Traktoren, zu laut für Mopeds, zu durchdringend für PKWs. Es wird lauter, als ich näher komme, ich höre Reifen quietschen, in die Luft mischt sich der Geruch von Öl und Gummi …

Anfangs sollen es Rasenmähermotoren auf einem Rohrrahmen mit Rädern gewesen sein, von einem amerikanischen Ingenieur für seine Kinder montiert. Manche Spötter sagen, das Geräusch erinnere noch heute daran. Doch die Anhänger des Kartsports lassen sich nicht beirren. Im Gegenteil. Einmal wie Michael sein! Oder wie Sebastian! Oder Nico! Natürlich geht das. Schließlich haben sie alle einmal auf diese Weise angefangen, die Schumachers, Vettels und Rosbergs der heutigen Formel-1-Szene. Vom Kartfahrer zum Star. Sicher spukt dies bei manchen im Kopf, wenn sie ganz wie ihre großen Vorbilder in den Rennanzug schlüpfen, Handschuhe und Helm überstülpen und sich in das kleine Cockpit zwängen. Es gibt Rennen und Wettbewerbe, bei denen sich die Besten messen.

Doch für die meisten ist Kartfahren ein aufregender Freizeitsport. Im Duell mit anderen erleben sie Nervenkitzel, Geschwindigkeit, Kurventechnik, Ausbremsen, begleitet von Motorengeräusch, quietschenden Bremsen und dem typischen Geruch von Asphalt und abgeriebenen Reifen. Ob im Wettkampf gegen Freunde, ob aus Ehrgeiz, noch ein paar Zehntel herauszuholen, oder ganz einfach aus Spaß. Davor und danach das Fachsimpeln, das Arbeiten am Kart, die Begegnung im Fahrerlager.

Als Besucher geht es mir kaum anders als auf einer der großen Rennstrecken. Mit dem Unterschied, dass ich hier ganz nah dran sein kann. Ich denke, ich werde wiederkommen.

🖋 Selbst probieren? Kein Problem! Leihkarts und Ausrüstung stehen zur Verfügung.

1777 Junius

n̄ 27 Emmending

en V.M.ll

1750- 1777

ornelia Fei

stiana Gö

emahlin H Hofraths un

bers Joh Georg Schlossers

DIE SCHWESTER DES DICHTERFÜRSTEN

Schlossergrab in Emmendingen

53

Es gibt sie, die Orte, die ein Hauch von Geschichte umweht. Der kleine Platz am Grab vor der alten Mauer des ehemaligen Emmendinger Friedhofs ist so einer. Hier hat er also gestanden, an einem heißen Augusttag im Sommer 1779. Genau hier, an dieser Stelle. So wie ich jetzt. Der Meister aller Meister, der größte Literat deutscher Sprache, Denker und Dichter. Autor des *Faust*.

Doch es gibt keinen Hinweis auf ihn, noch nicht einmal ein Schild. Es ist, als ob dies, fast 250 Jahre später, immer noch Ausdruck des ungeklärten Verhältnisses des großen Goethe zu seiner Schwester wäre. Wolfgang und Cornelia, beide aus gutem Hause stammend, beide mit bester Bildung und vornehmster Erziehung, beide mit allen Möglichkeiten, das Leben zu nutzen. Beide? Mitte des 18. Jahrhunderts gab es für eine junge Frau nur eine Lebensplanung: heiraten und dem Mann eine gute Ehefrau sein. Es konnte nicht gut gehen, schon gar nicht für eine stolze Goethin. Sie ahnte nicht, wie schlimm es werden würde. Ihr Mann wurde versetzt, als Beamter zuerst nach Karlsruhe, dann nach Emmendingen. Von der Großstadt an die vergessene Landesgrenze nach Österreich. Freiburg war Ausland. Schon bald beklagte sie sich über die langweilige Provinz, in der es für gebildete Frauen ihres Standes keinerlei Anreize gab. Sie hat es versucht, schrieb Briefe, lud Literaten wie Lenz und Lavater ein. Ein Mal, ein einziges Mal kam sogar er zu Besuch, der vielgeliebte, hochverehrte Bruder, dem in ihren Augen zeitlebens kein Mann ebenbürtig war. Auch nicht ihr eigener. Doch Krankheiten und Depressionen nahmen zu, am Ende resignierten Körper und Seele. Cornelia starb mit 26 Jahren nach der Geburt ihres zweiten Kindes.

Nach dem Besuch am Grab hielt es Goethe nicht lange bei der Familie seiner Schwester. Kurz darauf brach er in Richtung Schweiz auf, nach Emmendingen kam er nie wieder.

Auf demselben Friedhof liegt Carl Friedrich Meerwein begraben, einer der ersten Flugpioniere der Welt. Das ehemalige Wohnhaus der Familie Schlosser beherbergt heute die örtliche Stadtbibliothek.

DEUTSCHES TAGEBUCHARCHIV /// MARKTPLATZ 1 ///
79312 EMMENDINGEN /// 0 76 41 / 57 46 59 ///
WWW.TAGEBUCHARCHIV.DE ///

Liebes Tagebuch, heute erzähle ich dir von einem Ausflug, der dich besonders interessieren wird. Seit 1998 gibt es in Emmendingen das deutschlandweit einzige Archiv für private Tagebücher, Briefwechsel und Lebenserinnerungen. Zum Glück habe ich dich nicht mitgenommen, weil ich glaube, dass du am liebsten gleich dageblieben wärst. Schon das Gebäude ist ein Genuss, das schmucke ehemalige Rathaus am Marktplatz mit dem Rokoko-Balkon und seinem barocken Bürgersaal ist für sich schon einen Besuch wert. Für ein Tagebuch auf jeden Fall ein würdevoller Ort für den Ruhestand. Ich kann dir versichern: Falls meine Kinder dich jemals später einmal dort abgeben, wird dir die allerbeste Behandlung zuteilwerden.

Du wirst über die Vielfalt deiner Mitbewohner erstaunt sein. Manche sind so alt, dass ich nicht einmal die Schrift lesen könnte, das müssen besondere Fachkräfte übernehmen, die sich in Kurrent oder Sütterlin auskennen. Andere haben ihre Verfasser ganz modern auf PC geschrieben und sind gerade erst ein paar Monate alt. Es gibt welche, die kunstvoll gebunden sind, andere verschnürt oder mit einem Schloss versehen, manche nur einfache Schulhefte. Langweilig wird es dir bestimmt nicht werden. Alle haben Geschichten zu erzählen, traurige, lustige, besinnliche. Manche erzählen von der ersten Liebe, andere von Reisen in fremde Länder, nicht wenige vom Krieg. Etliche haben Zeichnungen, Bilder und Fotos. Derzeit gibt es fast 15.000 Tagebücher in Emmendingen, aber keine Angst. Du wirst bei deiner Ankunft buchstäblich mit Samthandschuhen angefasst werden. Als erstes bekommst du einen kopierten Zwilling. Und während du geschützt in deiner eigenen Ablage ruhst, erzählt der andere den interessierten Besuchern die Geschichten, die ich dir anvertraut habe. Genauso wie diese hier. Aber das hat noch eine Weile Zeit.

✍   Nach dem Besuch an einem Tisch im Restaurant im Erdgeschoss sitzen und das Leben auf dem Marktplatz betrachten.

ZENTRUM FÜR PSYCHIATRIE /// NEUBRONNSTRASSE 25 ///
79312 EMMENDINGEN /// 0 76 41 / 46 10 ///
WWW.ZFP-START.DE/WEB/ZPEWWW/INTER ///

Ein schmuckloser Steinquader mit einer Gedenktafel, daneben eine abgebrochene Säule im Gras. »Als Anstaltsarzt habe ich meine Laufbahn begonnen, so kann ich sie auch abschließen. Ich wähle Emmendingen.« Alfred Döblin, Autor von *Berlin Alexanderplatz*, einem der bedeutendsten Werke der Weltliteratur, hatte viele Jahre als Nervenarzt gearbeitet. Am Endes seines Lebens entschloss er sich, als Patient an den Ort der gebrochenen, verwirrten Seelen zurückzukehren.

Das ehemals »Heil- und Pflegeanstalt« genannte Zentrum für Psychiatrie Emmendingen liegt auf einem weitläufigen Parkgelände am Rande der Stadt. Die symmetrische Ursprungsanlage ist noch klar zu erkennen. Sie folgte damals einer für heutige Verhältnisse erschreckend pragmatischen Anordnung: die Männer waren links untergebracht, die Frauen rechts, die heilbaren Patienten vorne und die unheilbaren hinten. Lange Jahre standen Verwahrung und Ruhigstellung im Vordergrund, Arbeit auf dem Feld und in Werkstätten war die hauptsächliche Therapie. Später kamen Bäder- und Bettentherapie, Insulin- und Elektroschocks hinzu. Die Stigmatisierung psychisch Kranker erfuhr ihren traurigen Tiefpunkt im Dritten Reich, als Hunderte Patienten mit den berüchtigten Grauen Bussen abgeholt und später ermordet wurden.

Mit der Entwicklung wirksamer Psychopharmaka und der Wandlung des gesellschaftlichen Bewusstseins änderte sich vieles. Über 1.000 Beschäftigte arbeiten heute in der modernen Klinik und in der Pflege. Es gibt Küche, Kantine, Café, Bibliothek, Wäscherei, Gärtnerei und Werkstätten. Das jedermann zugängliche Gelände ist in über 100 Jahren zu einem herrlichen Park geworden. In den alten Bäumen tummeln sich Eichhörnchen und unzählige Vögel. Alfred Döblin hätte diese Entwicklung sicher begrüßt. Er starb 1957 als 78-Jähriger nach mehrwöchigem Aufenthalt und wurde in Housseras in den Vogesen beigesetzt.

✐ Das Museum für Psychiatriegeschichte auf dem Gelände (nur mit Voranmeldung) ist mit dem Stadtbus bequem erreichbar.

BURG HOCHBURG /// **PANORAMASTRASSE** /// **79312 EMMENDINGEN** ///
0 76 41 / 1 94 33 /// **WWW.HOCHBURG-EMMENDINGEN.DE** ///

ROMANTIK UND GRÖSSE

6/11

Einmal ein Star sein! Das hätte sich die altehrwürdige stolze Hochburg nie träumen lassen. Nach unzähligen Besitzerwechseln, Belagerungen, Eroberungen, nach Brand, Schleifung, erzwungener Selbst-
zerstörung und schließlich der Sprengung 1688 durch die Franzosen
rückte 2011 ein Filmteam an, das die nach dem Heidelberger Schloss
zweitgrößte badische Burgruine im Handstreich eroberte und kurzerhand als Schwäbisch deklarierte. Der Film *Die Kirche bleibt im
Dorf* wurde zu einem Publikumsrenner, und die badischen Emmendinger und Sexauer machten gute Miene zum bösen Spiel. Neben dem
Erfolg war dies sicher der Tatsache zuzuschreiben, dass die Kompar-
sen sämtlich aus den umliegenden Gemeinden kamen. Entsprechend
waren die Kinos auf Wochen bestens besucht.

Die gesamte Burganlage ist ein faszinierendes Zeugnis der Bau-
kunst und ein beliebtes Ausflugsziel. Die Ruine mit ihren heute noch
imposanten Toren und Befestigungen liegt weithin sichtbar auf einem
Bergrücken, an den Hängen ziehen sich Weinreben und Streuobstwiesen empor. Erst Ende des 19. Jahrhunderts erkannte man den
kulturhistorischen Wert der Hochburg und begann mit ersten Ro-
dungs- und Instandsetzungsarbeiten. Inzwischen gibt es einen Verein,
der sich in ehrenamtlichem Einsatz um den Erhalt der Burg kümmert.
Ein eigens geschaffenes kleines Museum zeigt vor allem Funde aus
dem Alltag der Bewohner.

Zuvor lag die Hochburg über 200 Jahre im Dornröschenschlaf.
Doch es gab immer wieder prominente Besucher. Vor allem Künstler
inspirierte die romantische Kulisse. Nach einem gemeinsamen Ausflug mit Goethe schrieb dessen Dichterkollege Lenz in einem Brief:
»Nirgends hab' ich die Wahrheit, theurer W.!, über die wir in einsa-
men Abendgesprächen eins wurden, lebhafter empfunden, dass alle
Kunst ewig ist, als in den Gemäuern von Hochburg.«

✍ Die Hochburg ist eine Etappe des etwa 30 Kilometer langen
Vierburgenwegs von Waldkirch nach Hecklingen. Vor allem für
romantische Wanderer.

ZUR BANK HINTER DEM ORTSAUSGANG RICHTUNG FREIAMT DIE ERSTE
STRASSE LINKS ABBIEGEN.

BURG LANDECK /// FREIÄMTER STRASSE /// 79312 LANDECK ///
WWW.BURG-LANDECK.DE ///

Heute komme ich von oben her von der Hochebene von Freiamt die kurvenreiche Straße bergab durch den Wald, es heißt aufpassen mit dem Motorroller. Dann schimmert es hell durch die Bäume, urplötzlich, nach einer Kurve, öffnet sich der Blick. Oberhalb von Landeck biege ich rechts ab auf den Wirtschaftsweg am Waldrand. Ein paar wenige Meter noch.

Ein Buch mit Lieblingsplätzen wäre ohne Weiteres mit Bänken zu füllen. Sitzbänke, Parkbänke, Kirchenbänke, Wartebänke, alle mit ihrem besonderen Reiz, ihrer besonderen Aussicht. Diese eine muss dabei sein. Es gibt keinen anderen Ort, der die Schönheit, die Harmonie und die Attraktivität des nördlichen Breisgaus derart in sich vereint. Die gesamte Freiburger Bucht liegt vor mir. Im Süden die malerische Burg Landeck, die vielen als die schönste Burgruine des Südwestens gilt. Um ihren mächtigen Palas scharen sich am Hang die Häuser der 200-Seelen-Gemeinde wie eine Herde um den Hirten. Dahinter gleitet der Blick die Westkante des Schwarzwaldes entlang Richtung Emmendingen und Freiburg. In der anderen Richtung der Kaiserstuhl, ein Vulkankegel, der sich aus der Ebene heraushebt wie eine vergessene Insel.

Die Bank ist wie eine Theaterloge, sie schenkt Ausblicke, die atemberaubend und zart zugleich sind. Je mehr Ruhe einkehrt, desto mehr öffne ich mich für die leisen Wahrnehmungen in der Fülle. Das Zirpen der Grillen auf der Wiese vor mir, das Zwitschern der Vögel auf den Obstbäumen. Ein Traktor irgendwo im Weinberg. Die Sonne spiegelt das schmale Band des Rheins. Ist es noch Wahrheit oder schon ein Traum?

Die Panoramaterrasse des Restaurants unter der Burg ist immer gut besucht. Auch von hier herrliche Ausblicke. Doch heute genügt ein kurzer Abstecher, um rasch etwas trinken zu gehen. Danach komme ich noch einmal zurück auf meine Bank. Ich hoffe, sie ist noch frei.

✎ Der Mörderstein, ein Kleindenkmal für einen Raubmord und eine Hinrichtung im Jahre 1826, ist nur wenige Gehminuten entfernt in den Weinbergen.

Die Kapelle des ehemaligen Zisterzienserklosters Tennenbach ist nicht leicht zu finden. Hinter Emmendingen werden die Straßen schmaler und die Täler enger. Immer weiter rücken die Vorberge des Schwarzwaldes heran.

Den Suchenden empfängt ein mit üppigem Grün bewachsenes Tal, eingerahmt von Wäldern. Nur das muntere Plätschern des Baches, der sich vorbei an Weiden, Erlen und Sumpfdotterblumen schlängelt, ist zu hören. Doch während das Auge über die Idylle wandert, mischen sich andere Laute in das Summen der Insekten und das Zwitschern der Vögel. Laute, die aus ferner Vergangenheit heraufdringen. Es sind die Glocken der Klosterkirche, der Gesang der Mönche und das Murmeln der Gebete ebenso wie das Ächzen der Ochsenkarren, das Hämmern aus der Schmiede und das Klappern der Mühle.

Nachdem die *Porta Coeli*, die Pforte zum Himmel, wie das Kloster damals genannt wurde, im Zuge der Säkularisierung geschlossen wurde, dauerte es nur wenige Jahre, bis von den stattlichen Gebäuden nichts mehr übrig blieb. Baumaterial war wertvoll, und was nicht verkauft wurde, holten sich die praktisch denkenden Bauern aus der Gegend.

Heute ist neben dem Gasthaus Engel auf der gegenüberliegenden Seite des Tals die Kapelle das einzige Gebäude, das an die Größe und Bedeutung des ehemaligen Klosters erinnert. Im Innern finden sich ein paar Holzbänke und eine schlichte Madonnenfigur. Wer will, kann beim Engelwirt den Schlüssel holen. Und mit etwas Geduld kann man hören, was von jenseits der Himmelspforte herüberdringt.

Ein Gedenkstein oberhalb der Kapelle erinnert an das Jahr 1813. Damals wurde noch vor dem Abriss des Klosters ein Lazarett mit 1.200 Betten für bayerische und österreichische Soldaten aus den Napoleonischen Kriegen eingerichtet. Eine Fleckfieberepidemie raffte den Großteil der Verletzten dahin. Viele wurden in einem Massengrab im Wald bestattet.

✍ Ein Spaziergang zum Gasthaus Engel lohnt sich nicht nur wegen der guten Speisekarte. Von dort aus hat man den schönsten Blick über das gesamte Tal.

STADT WALDKIRCH /// **MARKTPLATZ 1 – 5** /// **79183 WALDKIRCH** ///
0 76 81 / 40 40 /// **WWW.STADT-WALDKIRCH.DE** ///

ELZTALMUSEUM /// **KIRCHPLATZ 14** /// **79183 WALDKIRCH** ///
0 76 81 / 47 85 30 /// **WWW.ELZTALMUSEUM.DE** ///

Die vierteilige Orgelanlage des Freiburger Münsters ist mit 144 Registern eine der größten weltweit. Wenn sie während einer Messe oder eines Konzertes ertönt, kann sich der Zuhörer der Kraft und Eindringlichkeit der Töne und der Musik kaum entziehen und wird emporgehoben aus den Sorgen des Alltags. Obwohl er selbst nur wenige Werke für sie komponierte, schrieb kein geringerer als der 21-jährige Mozart an seinen Vater: »Die Orgel ist doch in meinen Augen und Ohren der König aller Instrumente.«

Vielleicht ist diese Bewegung der Seele der Grund, warum für viele mit dieser Musik Erinnerungen verbunden sind, meist aus der Kindheit. Ein Besuch in der Orgelbauerstadt Waldkirch macht anschaulich, wie groß die Welt der Orgeln ist. Die historischen Exponate im Elztalmuseum und im Orgelbauersaal zeigen die ganze Tradition und Vielfalt der Kirchenorgeln, der Dreh- und Karussellorgeln, der Jahrmarktorgeln und Orchestrien, bis hin zu den allseits bekannten Leierkästen. Überall sieht man kunstvoll bewegte Figuren, feinste Intarsien, handbemalte Hölzer. Vieles stammt aus der Zeit, als die Früchte des Waldkircher Orgelbauhandwerks nach ganz Europa exportiert wurden und Musik ins öffentliche Leben brachten, in Tanzsalons, Kinos und Gaststätten, in Theater, auf Messen und Jahrmärkten.

Waldkirch blickt auf eine über 200 Jahre währende Tradition zurück. Nach dem Niedergang in den 30er-Jahren hat das Orgelbaugewerbe in den letzten Jahren einen stetigen Aufstieg erfahren. Heute gibt es in der Stadt wieder mehrere Werkstätten, die Instrumente bauen, warten oder restaurieren. Bei Führungen kann man einen Eindruck gewinnen, wie die Meister im wörtlichen Sinne bei ihrer Arbeit alle Register ihres Könnens ziehen, übertroffen nur noch beim mehrtägigen Orgelfest mit namhaften Interpreten, das alle drei Jahre im Sommer stattfindet.

✿ Am Rande der Altstadt erhebt sich auf einem Hügel die Ruine der Kastelburg. Von hier hat man einen herrlichen Ausblick auf die Stadt und das Elztal.

TEUFELSKANZEL, HEXENSABBAT UND DRACHENFLIEGER
Kandel

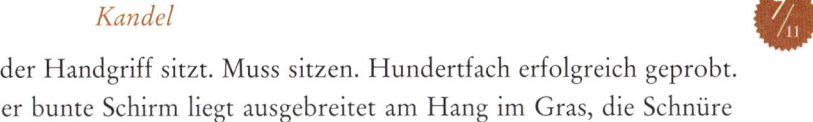

Jeder Handgriff sitzt. Muss sitzen. Hundertfach erfolgreich geprobt. Der bunte Schirm liegt ausgebreitet am Hang im Gras, die Schnüre sind sortiert, das Fluggeschirr richtig verzurrt. Stiefel, Handschuhe, Jacke, Helm. Der Fallschirm. Prüfende Blicke zum Himmel, an dem kein Wölkchen den Sommertag trübt. Hinunter ins Elztal, wo die Häuser und Straßen von Waldkirch von hier oben wie Spielzeug aussehen. Prüfende Blicke zum Windsack, der etwas unterhalb des Startplatzes im Wipfel einer hohen Fichte hängt und sich träge bewegt. Gleich wird er kommen, der richtige Moment …

Stundenlang kann ich auf der Gartenterrasse des kleinen Gipfelrestaurants sitzen und den Gleitschirmfliegern zusehen, wie sie bei ihrem Start mit kurzen, schnellen Anlaufschritten den Hang abwärts laufen, den Moment spüren, an dem die Füße den Boden verlassen, die Luft in den riesigen Schirm greift. Wie sie dann von der Thermik in großen, majestätischen Kurven nach oben gezogen werden und sie schließlich zu einem der bunten Punkte am Himmel werden, die über dem Kandelgipfel kreisen.

Ob sie das Besondere dieses Berges spüren? Fürst unter den Schwarzwaldbergen nennen ihn die einen. *Der Glänzende* nannten die Kelten seinen Gipfel, der sich am Rand der Rheinebene auf 1.241 Meter emporhebt. Der Kandel habe magische Kräfte, berichten die Sagen. In seinem Innern sei ein riesiger See verborgen, der eines Tages ausbrechen und alles hinwegspülen werde. In alten Gerichtsprotokollen ist genau überliefert, wie sich am Abend vor dem 1. Mai in der Walpurgisnacht am Großen Kandelfelsen die Hexen treffen, wie sie in wildem Tanz und Festgelage den Teufel persönlich als Gast in ihrer Mitte empfangen. Erst 1981 erhielten die alten Geschichten neues Leben, als ausgerechnet in der Walpurgisnacht ein Teil der Teufelskanzel abbrach und in die Tiefe stürzte. In den Trümmern steckte ein Reisigbesen …

✍ Das Berggasthaus Kandelhof unterhalb der Passhöhe bietet eine herrliche windgeschützte Terrasse und ist ideal für Vespern oder Kaffee und Kuchen.

Die meisten Menschen lieben Gegensätze. Sich zugehörig zu fühlen und abzugrenzen ist wichtig. Wer das Eigene zu etwas Besonderem macht, schafft Sicherheit und entbindet sich von der Notwendigkeit, durch echte Argumente zu überzeugen. Zu allen Zeiten wurden ganze Glaubenskämpfe ausgetragen zwischen Anhängern von Goethe und Schiller, den Beatles und den Stones, vom HSV und dem FC St. Pauli, zwischen E und U in Literatur und Musik, zwischen McDonald's und Burger King. Jede Gemeinde, jede Stadt hat einen Nachbarn, mit dem sie in herzlichem Wettstreit liegt.

Bei den Modellautos waren es lange Jahre Wiking oder Matchbox. Plastik oder Metall. Leicht oder schwer. Es gab qualitativ nichts Vergleichbares. Man musste sich entscheiden. Entweder oder. Und dann sammeln. Die Entscheidung bleibt meist ein Leben lang. Selbst und gerade dann, wenn die kleinen Jungs erwachsen werden und sich ihre Spielsachen selbst kaufen können.

Seit ihrer Gründung 1980 waren die Modellautos der Firma Brekina aus Teningen bei Sammlern sehr beliebt. Eine große, ständig wachsende Anhängerschaft hält ihr bis heute die Treue. Das mag an dem überschaubaren Sortiment liegen, das sich seit vielen Jahren ganz auf Modelle im Maßstab 1:87 konzentriert, passend zu Modelleisenbahnen der Spurweite H0. Nahezu alle Typen von 1930 bis Mitte der 1980er stehen zur Auswahl. Verkaufsschlager ist und bleibt der gute alte VW-Bus. Der Bully wurde in allen erdenklichen Baureihen produziert, darunter Sonder- und Sammlermodelle mit verschiedenen Bemalungen und Aufdrucken.

Zum Bedauern der Fans hat Brekina keinen Werksverkauf. Doch bereits wenige Kilometer entfernt in Gutach werden die Fans fündig. Das Friseur- und Modelleisenbahngeschäft von Manfred Mößner bietet in einem originalen Eisenbahnwagen als Verkaufsraum inklusive fachgerechter Beratung und Anekdoten um das Thema Modellbau alles, was das Sammlerherz begehrt.

✍ Entlang der Gutach in Richtung Waldkirch gibt es eine Allee, in der sich herrliche uralte Platanen ohne den üblichen Schnitt ausbreiten dürfen.

KIRCHE ST. GEORG /// DORFSTRASSE /// 79261 GUTACH-BLEIBACH ///
0 76 85 / 73 75 (FÜHRUNGEN) ///
WWW.KATH-SEMES.DE/HTML/TOTENTANZ.HTML ///

Ein Trommler, der mit blanken Arm- und Oberschenkelknochen auf ein mit Totenhaut bespanntes Instrument schlägt, ein Geiger, der anstelle des Bogens mit einer Sense über die Saiten streicht, dazu Bläser mit Krummhorn und Trompete – es ist eine makabre Kapelle bleicher Skelette, die den Besucher hinter dem niedrigen Eingang zur Beinhauskapelle neben der Bleibacher St. Georgskirche empfängt.

Der moderne Mensch hat die Beschäftigung mit dem Tod aus dem Alltag weitgehend verdrängt. Das war nicht immer so. *Memento mori* – denke daran, dass du sterblich bist! Diese Mahnung an die Vergänglichkeit allen Seins zog sich seit Jahrhunderten durch die Kultur- und Sozialgeschichte Europas. Seit den schrecklichen Pestepidemien im 15. Jahrhundert hat die Allmacht des Todes in der Darstellung des Totentanzes ihre besondere Ausprägung gefunden. Die Todesstunde ist ungewiss, der Tod greift in das Schicksal ein, wann er will. In Gestalt eines Skeletts lockt er seine Opfer und tanzt mit ihnen dem Ende entgegen.

Die Wandgemälde in Bleibach mit ihren Begleitversen sind in ihrer Art einmalig gut erhalten. Seit 1723 schmücken 33 in Ölfarbe gemalte Tanzpaare den Innenraum der Kapelle. Der Tod tanzt mit allen, mit Kaiser und Edelleuten ebenso wie mit Blinden und Bettlern, Ärzten und Richtern, Bauern und Bürgern, Soldaten und Bischöfen. Von der Jungfrau bis zum alten Weib, vom Pilger bis zum Spielmann – der Tod holt sich alle zu ihrer Zeit. Auch wenn dem heutigen Betrachter die Bilder und Verse des Bleibacher Totentanzes skurril, witzig und makaber erscheinen, regen sie immer noch zum Nachdenken an.

»O Mensch lass gehen dein Hoffarth, alle stundt der tott auff dich warth.

Kein Mensch kan ihm ja nit entgehen, wie du vor augen thuest jetzt sehen.«

Bleibach ist Ausgangspunkt für ausgedehnte Spazierwege, zum Beispiel entlang der Elz oder ins Simonswälder Tal.

HINTER DEM ELZACHER ORTSTEIL YACH DEM BESCHILDERTEN WEG
BIS ZUM PARKPLATZ FOLGEN.

SIEBENFELSEN YACH /// 79215 ELZACH-YACH /// WWW.YACH.DE ///

Hinter dem Parkplatz geht es steil aufwärts, und schon nach wenigen Schritten spüre ich die Magie des Ortes. Ich bin im Belchwald. Schon der Name hat mich aufhorchen lassen: Wieder ist es Bel, wieder der keltische Sonnengott. Seine Erinnerung hat hier überdauert, hier im Tal von Yach im hintersten Winkel des Schwarzwaldes – nur wenige Kilometer von Freiburg entfernt. Einer der Orte, an denen man noch die Spuren der Verehrung der alten Götter findet, die nie ganz verschwunden scheinen. Sind es Gräber, die unter den überwachsenen Hügeln verborgen liegen? Wer hat die vielen regelmäßigen kleinen Vertiefungen in den Stein gemeißelt? Ein großer Fels mit einer kreisrunden Schale – eine Opferstätte? Schließlich der mystische Siebenfelsen, der in einer Lichtung meterhoch zum Himmel ragt. Eine Laune der Natur? Oder haben Menschen die riesigen Granitblöcke übereinandergetürmt? Meine Fantasie erkennt geheimnisvolle Zeichen, Figuren und Gesichter. Ist dies ein Altar, vor dem magische Riten zelebriert wurden? Ein verborgenes Waldheiligtum, dem man sich nicht nähern durfte? Ein riesiges Fruchtbarkeitssymbol?

Selbst der Name des Ortes birgt etwas Rätselhaftes. Die Bewohner nennen ihr 1.100-Einwohner-Dorf »Ejch«, was bei Besuchern erst recht ungläubiges Kopfschütteln hervorruft. Der Kenner weiß, dass die Endung -ach eine sprachliche Erinnerung an die Bewohner früherer Zeiten ist und auf fließendes Wasser verweist. Gutach, Wutach oder Brigach sind nur einige Flussnamen, wie sie im Schwarzwald vorkommen.

Der Siebenstein ist ein unerforschtes Rätsel. In einer Welt, die alles weiß und noch mehr erklären kann, vielleicht auch gut so. Für Stadt-Land-Fluss-Spieler gehört der Name Yach ohnehin zum Pflichtwortschatz. Schließlich ist dies die einzige Gemeinde in Deutschland, die mit dem vorletzten Buchstaben des Alphabets beginnt.

🖋 Der Siebenfelsen liegt am Zweitälersteig, einer Wanderstrecke, auf der die schönsten Sehenswürdigkeiten rund um das Elztal zu sehen sind.

DER ORIGINAL-FALLERHOF LIEGT NAHE FURTWANGEN IM SÜDSCHWARZWALD. /// WWW.SWR.DE/DIEFALLERS ///

Schon die Vorbereitung war detektivische Kleinarbeit. Im allwissenden Netz gab es kaum verwertbare Spuren. Die Beteiligten hüllen sich in respektvolles Schweigen. Dann die Suche vor Ort. Ein paar Mal habe ich mich verlaufen. Kein Hinweis. Kein Schild. Endlich der vertraute Anblick: der Hof mit Stall und Kapelle, der typische Baum – das muss er sein, das ist er! Doch Zweifel kommen auf. Kein Fernsehteam ist zu sehen. Keiner der Bewohner ähnelt auch nur im Geringsten meinen Helden aus der Serie. Sollte ich mich doch getäuscht haben?

Ein vorüberkommender Wanderer klärt mich auf. Was für mich der Fallerhof ist, auf dem ich Sonntag für Sonntag die Freuden und Nöte der Schwarzwaldfamilie begleite, ist im Alltag ein normal bewirtschafteter Vollerwerbsbauernhof. Ein paar wenige Male im Jahr finden hier Außendrehs und die Aufnahmen im Stall statt. Der überwiegende Teil der Serie entsteht im Studio in Baden-Baden. Der Schwarzwald als malerische Kulisse scheint besonders gut geeignet, die Fantasie anzuregen. *Schwarzwaldmädel* hieß die erste deutsche Farbfilmproduktion nach dem Krieg und half mit, den immer noch grauen Alltag für eine Weile zu vergessen. In den 80er-Jahren hatte die *Schwarzwaldklinik* Millionen Zuschauer. In der Pseudodoku *Schwarzwaldhaus 1902* konnte man das entbehrungsreiche Leben der »Wälder« hautnah miterleben.

Es ist nicht nur die Neugier. Der Mensch braucht diese Bilder und Emotionen, die ihn weit über die Alltagsrealität emporheben. Doch heute setze ich mir selbst die Grenze. Ich stelle mir vor, wie täglich wildfremde Menschen um mein Haus laufen, winken, an der Tür läuten, mit mir sprechen wollen. Mich von meiner Arbeit abhalten. Ich mache ein Erinnerungsfoto von weitem und gehe weiter. Die nächste Folge am Sonntag kommt bestimmt. Mit dem richtigen Fallerhof.

✐ Die Schwarzwaldklinik im Glottertal ist einfacher zu finden und zu bestaunen. Aber Vorsicht: Auch hier wird Professor Brinkmann nicht in der Tür stehen!

GASTHAUS KOLMENHOF /// NEUWEG 11 ///
78120 FURTWANGEN IM SCHWARZWALD /// 0 77 23 / 9 31 00 ///
WWW.KOLMENHOF.DE ///

BERGGASTHOF MARTINSKAPELLE /// MARTINSKAPELLE 1 ///
78120 FURTWANGEN IM SCHWARZWALD /// 0 77 23 / 78 87 ///
WWW.MARTINSKAPELLE.DE ///

ZWISCHEN DEN MEEREN –
DIE EUROPÄISCHE WASSERSCHEIDE

Donauquelle

Es gibt sie, diese magischen Momente, die das erhabene Gefühl vermitteln, zwischen den Welten zu stehen! Das kann ein historisches Ereignis wie der Mauerfall 1989 sein, den viele als den Beginn einer neuen Zeit erlebten. Es kann im Hochsommer sein zur Sonnwende, wenn man weiß, dass vom nächsten Morgen an die Tage wieder kürzer werden. Und es kann geografisch sein. Auf den Höhen des Schwarzwaldes, nur wenige hundert Meter voneinander entfernt, sprudeln zwei Quellen aus demselben Berghang, deren Wasser gänzlich unterschiedliche Wege einschlagen.

Wer an der europäischen Wasserscheide bei Furtwangen steht, sieht zunächst keine großen Unterschiede: Wiesen, Bäume, Berge, Hügel und Wälder verlieren sich ringsum am Horizont. Doch die Vorstellung, die den Lauf der beiden Quellwasser begleitet, weitet sich. Das Einzugsgebiet zweier großer europäischer Flüsse hat hier seine Grenze. An der Ostseite des Hanges entspringt die Breg, der längste Quellfluss der Donau. Von dieser Stelle aus sind es 2.857 Kilometer durch halb Europa bis zur Mündung ins Schwarze Meer. Ein wenig weiter nördlich auf der anderen Hangseite entspringt die Elz, die sich durch tief eingeschnittene Täler nach Norden und Westen den Weg bahnt. Am Kaiserstuhl wartet nach 90 Kilometern der Rhein, der dort bereits einen langen Weg aus den Schweizer Alpen zurückgelegt hat. Gemeinsam geht es dann weitere etwa 800 Kilometer durch Baden, die Pfalz und das Rheinland bis in die Niederlande mit dem Ziel Nordsee.

Der Mensch hat das Bedürfnis, sich mit Superlativen zu schmücken – und so konnte es nicht ausbleiben, dass zwischen den Städten Furtwangen und Donaueschingen ein anhaltender Streit um die »richtige« Donauquelle entstand. Letztlich findet sich die salomonische Lösung in dem alten Schülermerkspruch: »Brigach und Breg bringen die Donau zuweg.«

☞ Das Uhrenmuseum in Furtwangen zeigt die Geschichte der Schwarzwälder Uhrmacherkunst.

DER SÜDEN – DER SONNE ENTGEGEN

JESUITENSCHLOSS /// SCHLOSSWEG 1 ///
79249 MERZHAUSEN /// 07 61 / 7 67 27 62 ///
WWW.MERZHAUSEN.DE/DE/UNSER-MERZHAUSEN/JESUITENSCHLOSS ///

Der Name »Jesuitenschloss« weist auf eine lange Geschichte hin. Im 17. Jahrhundert wurden den Jesuiten an der Universität Freiburg zahlreiche Lehrbefugnisse in Philosophie und Theologie übertragen. Die katholischen Habsburger wollten ein starkes Gegengewicht zu den Reformideen aus Basel und Straßburg setzen. 1635 übernahm der Orden den bis dahin bestehenden Gutshof auf den Höhen über Merzhausen. Später wurden die Gebäude zu der repräsentativen Anlage ausgebaut, wie man sie heute sieht. Nach der Säkularisierung folgten mehrere Wechsel der Eigentümer und der Nutzung. Das als Jesuitenschloss bekannte Areal diente als Verwaltung der vorderösterreichischen Landesregierung ebenso wie als Adelssitz, Kur- und Krankenhaus.

Heute werden die Schlossräume, zu denen eine weitläufige Parkanlage gehört, für Hochzeiten, Ausstellungen, Tagungen und Seminare genutzt. Das Panoramarestaurant bietet neben regionaler Küche einen atemberaubenden Ausblick auf Freiburg, den Kaiserstuhl und die Rheinebene. Seit 1987 ist auf dem Gelände das Stiftungsweingut Freiburg untergebracht. Neben Führungen und Weinverkauf lädt eine Probierstube sowie die *Zunftstube der Rebleute zur Sonne* zum gemütlichen Verkosten ein.

Die Wiesen, Weinberge und Streuobsthänge um das Jesuitenschloss sind ein beliebtes Naherholungsgebiet. Hier kann man spazieren gehen, wandern, joggen und mountainbiken ebenso wie Drachen steigen lassen. Die zahlreichen Wege belohnen den Wanderer mit immer neuen überraschenden Ausblicken. Der nahe gelegene Schönberg ist eine der höchsten Erhebungen der Vorbergzone des Schwarzwalds. Zahlreiche Ausgrabungen und Funde belegen, dass Steinzeitjäger, Kelten, Alemannen die besondere Lage über der Rheinebene seit Jahrtausenden nutzten.

🖋 Viele wissen es, keiner spricht darüber: In Richtung Süden soll Joachim Löw wohnen, der Weltmeistertrainer.

Staufen darf
nicht zerbrechen!

Gasthaus zum Löwen

Bereits 1407 als "Gasthaus zum Leuen"
urkundlich erwähnt. Hier soll 1539 der
Teufel dem Leben des Dr.Faust ein Ende
bereitet haben.
Ausgangspunkt unzähliger Bearbei-
tungen des Faust-Mephisto-Themas.

TOURIST-INFORMATION STAUFEN /// HAUPTSTRASSE 53 ///
79219 STAUFEN /// 0 76 33 / 8 05 36 ///
WWW.STAUFEN.DE/TOURISMUS-UNTERKUENFTE/ ///

STIFTUNG ZUR ERHALTUNG DER HISTORISCHEN ALTSTADT STAUFEN ///
WWW.STAUFENSTIFTUNG.DE ///

Die Explosion ist heftig und erschüttert das ganze Haus. Im Dorf hat man nie zuvor etwas Ähnliches gehört. In kurzer Zeit laufen von überall her die Menschen zusammen. Das Zimmer des geheimnisvollen Fremden liegt in Trümmern. Seine Leiche wird geborgen, schrecklich entstellt. »Die Strafe Gottes!« Entsetzte Ausrufe fliegen durcheinander. »Der Teufel hat ihn geholt, den Nekromanten!«

So oder ähnlich mag sie sich zugetragen haben, die Geschichte vom schrecklichen Ende des Alchemisten, Astrologen und Schwarzmagiers, der im Jahre 1539 bei einem seiner Experimente in Staufen zu Tode kam. Das Hotel zum Löwen, in dem dies geschah, gibt es heute noch. Ein monumentales Gemälde ziert seine Außenfront und kennzeichnet den Ort, der der Weltliteratur in Gestalt des Faust einen seiner größten Darsteller schenkte.

468 Jahre später hielt erneut der Schrecken Einzug in das idyllische Städtchen am Eingang zum Münstertal. Die Erde geriet in Bewegung und mit ihr Straßen, Mauern und Gebäude. Tiefe Risse entstanden in den Wänden, es drohte Einsturzgefahr. Recht bald war aber klar, dass dieses Mal nicht der Teufel seine Hand im Spiel hatte. Geothermische Probebohrungen veränderten den Untergrund und setzten eine unheilvolle Abfolge in Gang, die bis heute anhält. Die Stadt erhielt eine zusätzliche aktuelle Berühmtheit, auf die sie gerne verzichtet hätte.

Dabei ist Staufen auch ohne mephistophelische Kräfte ein Ort, der einen Besuch lohnt. Der historische Stadtkern mit den verwinkelten Gässchen und den schmucken Häusern um den Marktplatz steht zu Recht unter Denkmalschutz. Stadt- und Keramikmuseum sind ebenso sehenswert wie das Puppenmuseum mit seinen Exponaten aus 200 Jahren Kinderspielgeschichte. Dazwischen immer wieder ein herrlicher Blick auf die Burgruine auf dem rebenbewachsenen Hügel nach Norden hin.

⌔ Ein besonderes Mitbringsel sind die ausgefallenen Souvenirs mit den roten Klebestreifen der Künstlerinitiative *Staufen darf nicht zerbrechen!*

KLOSTER ST. TRUDPERT /// 79244 MÜNSTERTAL /// 0 76 36 / 7 80 20 ///
WWW.KLOSTER-ST-TRUDPERT.DE ///

DIE STIMME DER STILLE
St. Trudpert im Münstertal

Die große Holztür schließt sich. Die Welt ist draußen, irgendwo, nirgendwo. Im Innern der Barockkirche gedämpftes Licht. Weihwasserbecken, Holzbänke, Kanzel, Altar. Christus, Maria, Gestalten aus der Bibel und überall Engel, große und kleine, gemalt, geschnitzt, als Plastiken. In üppige, bunte Fülle materialisierte Fantasien für das Auge in früheren Zeiten, als es kein Smartphone, Fernseher, Radio oder Hochglanzzeitschriften gab.

Der heutige Besucher erlebt etwas anderes. Wer die Gelegenheit hat, alleine den Raum zu betreten, spürt bereits nach wenigen Momenten, wie sich ein Mantel um ihn ausbreitet, ihn umhüllt und sich um ihn legt. Es ist die Stille.

Die Abwesenheit jeglichen Geräuschs, jeden Klangs ist ungewöhnlich, fremd. Es gibt Besucher, die es nicht aushalten, die versuchen, durch Sprechen, Summen oder Scherzen dem alles durchdringenden Nichts zu begegnen. Stille.

Wer sich diesem Erleben hingeben kann, wird vielleicht zum ersten Mal im Leben erfahren, dass Stille nicht nur die Abwesenheit von Lauten ist. Die Stille wird zu einem lebenden Wesen, das man greifen kann, das spürbar ist, das den Menschen umfließt wie ein warmes Etwas. Der Lauschende weitet sich, wird groß. Und wird völlig ruhig.

Die heutige Pfarrkirche ist ein später Bau des ehemaligen Benediktinerklosters St. Trudpert, das um das Jahr 800 zu Ehren des Heiligen entstand. Bis zur Säkularisierung 1806 war der Ort kultureller, religiöser und wirtschaftlicher Mittelpunkt des Tales. Heute beherbergen die umliegenden ehemaligen Klostergebäude das Ordenshaus der Kongregation der Schwestern vom heiligen Josef zu Saint-Marc. Wer einen Aufenthalt für längere Zeit plant, wird im Gästehaus gerne willkommen geheißen.

☞ Der Tagesbesucher freut sich auf Spaziergänge im Münstertal durch herrlich grüne Wiesen bis hinauf zum Belchen.

BELCHEN-SEILBAHN /// BELCHEN 1 /// 79677 SCHÖNENBERG ///

Den Kelten galt sein Gipfel nicht weniger als der Sitz des Lichtgottes Belenus, des Strahlenden, der von den römischen Eroberern flugs mit ihrem Apollo in Verbindung gebracht wurde. Für Johann Peter Hebel, den bekanntesten südbadischen Dichter, war die Sache eindeutig: »Es ist wahr, daß die erste Station von der Erde zum Himmel auf dem Belchen ist.« Ihm und seinen Proteusern, Brüder des von ihm gegründeten schöngeistig-philosophischen Geheimbundes, war sein Gipfel der Altar, den er gerne erwanderte.

Fast schon bescheiden klingt da der Titel *König der Schwarzwaldberge,* wie die moderne Fremdenverkehrswerbung den 1.414 Meter hohen Belchen gerne nennt. Für mich ist er der schönste Berg des Schwarzwaldes überhaupt. Und dies in doppelter Weise. Bereits bei der Anfahrt von Staufen und dem Münstertal her wird der Blick unweigerlich nach oben auf das typische, sanft gerundete Profil mit dem markanten Sattelhorn daneben gelenkt. Auf dem Gipfel erwartet den Besucher ein atemberaubendes Panorama. Von Südwesten nach Nordosten reiht sich der Belchen ein in die eindrucksvolle Kette von Blauen, Schauinsland und Kandel, allesamt über 1.200 Meter hoch. Von Osten her grüßt der Feldberg, mit 1.493 Metern der höchste. Über die schroffen Steilhänge des Münstertals hinweg geht der Blick nach Westen über die Rheinebene bis zu den Vogesen. Nach Süden weist das Tal der Kleinen Wiese den Weg in den Schweizer Jura und bei gutem Wetter bis zur Alpenkette mit dem Mont Blanc. Dieser Blick lässt sich am besten von der Terrasse des 1867 erbauten Belchenhauses genießen, Baden-Württembergs höchstgelegenem Restaurant.

Im Gegensatz zum Feldberg, dessen touristische Erschließung allmählich seine Grenzen erreicht, ging man am Belchen einen anderen Weg. Seit der Eröffnung der Belchenseilbahn 2001 wurde die Gipfelstraße für den Privatverkehr gesperrt, der ehemalige Parkplatz renaturiert und die Wege der Wanderer gelenkt. Das zuletzt 1993 erweiterte Naturschutzgebiet ist mit 1.600 Hektar eines der größten des Landes. Hier ist die Heimat seltener Pflanzen wie der Gebirgsrose und Glockenblumenarten, die sich als Relikte aus der letzten Eiszeit erhalten haben, und die man sonst nur noch in den Alpen findet. Kolkraben stolzieren umher, mit etwas Glück kann man Auerhuhn und Wanderfalken beobachten. Diese Urtümlichkeit der Landschaft macht es besonders reizvoll, den Berg auf Hebels Spuren über einen der schmalen Pfade zu besteigen. Der Weg von Süden her beginnt bei Neuenweg, einem hübschen Dorf am Ende des Kleinen Wiesentals. Auf 700 Höhenmetern durchquert man auf kurzer Distanz verschiedene Vegetationszonen. Von den bewirtschafteten Wiesen geht es durch den Wald zunächst sanft, dann immer steiler bergauf. Vorbei an schroffen Felsen und windzerzausten Fichten erreicht man unterhalb des Belchenhauses die Baumgrenze. Im Gipfelbereich gibt es schließlich befestigte Rundwege in verschiedenen Längen und Schwierigkeitsgraden.

Zweimal im Jahr kann man ein besonderes Himmelsschauspiel beobachten. An den Tagen des Frühlings- und Herbstanfangs, also zur Tagundnachtgleiche, sieht man die Sonne vom Belchengipfel aus hinter dem Gipfel des Ballon d'Alsace untergehen. Dieser Elsässer Belchen im Süden der Vogesen liegt genau in westlicher Richtung 73 Kilometer entfernt. Von dort betrachtet wiederum geht die Sonne zur Wintersonnwende über dem Schweizer Belchen im Jura auf, der sich geografisch genau südlich des Schwarzwaldberges erhebt. Dieses sogenannte Belchendreieck bildet zusammen mit dem Grand Ballon und dem Petit Ballon das Belchensystem, das von vielen als astronomischer Jahreskalender der Kelten angesehen wird. Eine wissenschaftliche Bestätigung steht allerdings noch aus.

✍ Wenige Kilometer nach Süden liegt der Nonnenmattweiher, ein ehemals eiszeitlicher Karsee mit seltenen Pflanzen und einer schwimmenden Torfinsel.

STAUDENGÄRTNEREI GRÄFIN VON ZEPPELIN /// WEINSTRASSE 2 ///
79295 SULZBURG-LAUFEN /// 0 76 34 / 55 03 90 ///
WWW.STAUDENGAERTNEREI.COM ///

Der Regenbogen – wundersames, schillerndes, zerbrechliches Naturschauspiel am Ende eines Gewitters. Eine Himmelssignatur, deren Gewalt und Schönheit die Menschen fasziniert. Für die alten Griechen war der Regenbogen die Personifizierung der Göttin Iris, die vom Olymp gesandt wurde, um den Menschen ein Zeichen zu geben. Iris wurde auch zur Namensgeberin für eine der schillerndsten Blütenpflanzen, der Schwertlilie.

Die Geschichte der Staudengärtnerei Gräfin von Zeppelin begann mit der Begeisterung der Gründerin für die Iris. In den 20er-Jahren schuf sie in Laufen, einem kleinen Ort inmitten einer Weinbaugegend, eine Gärtnerei, deren Schwerpunkt von Beginn an auf dem Anbau ihrer Lieblingspflanze lag. Bis heute ist die Iriszucht das Herzstück des Betriebes, der mit über sechs Hektar eine stattliche Größe erreicht hat. 2.500 winterharte Staudensorten findet man hier, neben 500 Schwertliliensorten vor allem Pfingstrosen, Taglilien und Mohn, vielfach in eigenen Züchtungen, dazu Gräser und Kräuter. Der Garten hat sich zu einem Park entwickelt, dessen üppige Pracht je nach Jahreszeit seine Reize in Farben und Formen zeigt. Wer will, kann sich in Schaugärten Anregung zum Selbergestalten holen.

Für Gartenfreunde ist das milde Klima am Oberrhein ein Paradies. Eine Fülle lohnender Ausflugsziele gibt es überall. So das Landhaus Ettenbühl zwischen Freiburg und Basel, eine Gärtnerei mit Schaupark in englischem Stil mit ihrer einmaligen Rosenpracht. Der Samengarten Eichstetten am Kaiserstuhl hat es sich zur Aufgabe gemacht, die Sortenvielfalt von Gemüsen und Salaten, von Kräutern, Wildpflanzen und Getreiden zu erhalten und zu pflegen.

Übrigens: Schwertlilien gehörten zu den bevorzugten Sujets von Vincent van Gogh. Eines der Motive erzielte 1987 bei einer Versteigerung über 50 Millionen Dollar.

🪻 Die Klosterkirche St. Cyriak im nahe gelegenen Sulzburg ist ein Höhepunkt frühromanischer Architektur. Der Kirchturm aus dem 11. Jahrhundert gilt als der älteste erhaltene in Südwestdeutschland.

MARKGRAFEN-BAD

CASSIOPEIA-THERME /// ERNST-EISENLOHR-STRASSE 1 ///
79410 BADENWEILER /// 0 76 32 / 79 92 00 ///
WWW.BADENWEILER.DE/DE/CASSIOPEIA_THERME ///

TOURIST-INFORMATION /// ERNST-EISENLOHR-STRASSE 4 ///
79423 BADENWEILER /// 0 76 32 / 79 93 00 /// WWW.BADENWEILER.DE ///

RÖMERMUSEUM VILLA URBANA /// JOHANNITERSTRASSE 89 ///
79410 HEITERSHEIM /// 0 76 34 / 59 53 47 ///
WWW.HEITERSHEIM.DE/ROEMERMUSEUM-VILLA-URBANA.HTML ///

Den Römern war der Schwarzwald nicht geheuer. Er blieb eines der wenigen Gebiete in ihrem Riesenreich, das sie nie ganz beherrschten, geschweige denn besiedelten. Ein weißer Fleck auf der Karte des Imperiums. Außer im Kinzigtal gab es noch nicht einmal eine der allgegenwärtigen Straßen, die bekanntlich alle nach Rom führten. Die pragmatisch denkenden Römer nannten die düstere, unwirtliche Urwaldgegend *Silva Nigra* (Schwarzer Wald) und marschierten lieber außen herum. Dafür nutzten sie gerne und ausgiebig die Vorteile der Geografie und Geologie. An den Westausläufern gediehen die geliebten Rebstöcke fast so gut wie zu Hause. Die Erdwärme förderte heiße Quellen zutage, in denen man die müden Glieder erfrischen konnte. Das Ganze ging gut bis 260 n. Chr., als die Römer von den Alemannen verjagt wurden. Die Weinreben blieben, doch mit entspannter Badekultur war nun jahrhundertelang Schluss. Die Römerbauten dienten als willkommene Steinbrüche. Ruinenfunde halten sich daher in Grenzen.

Die heute bestehende Bäder- und Kurlandschaft am Oberrhein beruft sich gerne auf ihre antiken Wurzeln. Neben Baden-Baden war es vor allem Badenweiler, die ehemalige Siedlung *Aquae villae*. Seit ihrer Wiederentdeckung 1783 gilt deren Badruine als die größte und sehenswerteste nördlich der Alpen. Der Ort selbst mit seinen Parks, Kurpromenaden und herrschaftlichen Bauten gibt noch heute einen Eindruck von der Badekultur des 19. Jahrhunderts, als gekrönte Häupter und Persönlichkeiten, die es sich leisten konnten, den gesundheitlichen Nutzen mit gesellschaftlichem Flair verbanden. Heute ist die moderne Cassiopeia-Therme neben der alten Badruine ein beliebtes Ziel nicht nur für Kurgäste. In verschieden temperierten Entspannungsbecken, Strömungskanal, Saunalandschaft oder Wellnessoase kann sich jeder nach Art der alten Römer verwöhnen lassen.

⌘ In Heitersheim, nur 10 Kilometer entfernt, ist die Villa Urbana zu besichtigen, ein ehemaliges Römeranwesen mit Schwimmbecken und einem Hypokaustum (Warmluftheizung).

ATTILASKULPTUR IN NIEDERRIMSINGEN AM TUNIBERG ///
WWW.TUNIBERG-WEIN.DE ///

Vollmundiger Spätburgunder Rotwein, Spargel und Erdbeeren, die in der wärmsten Gegend Deutschlands früh zur Reife kommen, ausgedehnte Spaziergänge und Radtouren mit herrlichen Aussichten – genügend Gründe für den Genießer, den Tuniberg zu schätzen, der sich wie sein großer Bruder, der Kaiserstuhl, weithin sichtbar zwischen Schwarzwald und Vogesen aus der Rheinebene emporhebt. Er ist zwar kleiner, aber deswegen nicht minder anziehend: Sehr verschiedene Charaktere haben hier ihre Spuren hinterlassen – eine Salzburger Nonne, ein Tour-de-France-Sieger und ein Hunnenfürst.

Markantester Punkt ist die kleine Kapelle am südöstlichen Ende des Tunibergs. Direkt über dem Weindorf Munzingen gelegen, bietet sich von dort ein einzigartiger Panoramablick über den Südschwarzwald mit dem 1.414 Meter hohen Belchen. Die Kapelle trägt ihren Namen nach der heiligen Erentrudis, einer ehemaligen Nonne aus Worms, die im 8. Jahrhundert Äbtissin des Klosters Salzburg war. 1745 erhielt das Kirchlein eine Reliquie der Heiligen. Seither bürgerte sich der Name anstelle des zuvor Apolloniuskapelle genannten Ortes ein.

Ob der Hunnenkönig Attila jemals diese Gegend erreichte, verliert sich im Dunkel der Geschichte. Die Entdeckung seines bis dahin unbekannten Grabes in den 50er-Jahren machte den Tuniberg überregional bekannt. Dass das Ganze einem Aprilscherz der örtlichen Winzergenossenschaft entsprang, tat der Begeisterung keinen Abbruch. Das Attiladenkmal vor der Attila-Mehrzweckhalle in Niederrimsingen zeugt ebenso davon wie der Attilafelsen, inzwischen eine der bekanntesten Weinlagen Südbadens.

Der einzige der drei, der nachgewiesenermaßen am Tuniberg lebte, war Jan Ullrich, der während der goldenen Karrierejahre seine Trainingseinheiten hier und an den Schwarzwaldhängen absolvierte. Als Erbe hinterließ er neben gebrochenen Herzen und einem enttäuschten Fanclub seine nach ihm benannte Straße im Weindorf Merdingen.

✍ Im April verwandeln sich Tuniberg und Kaiserstuhl in ein weißes Blütenmeer. Nirgendwo in Deutschland blühen Kirsch- und Apfelbäume so früh im Jahr.

Elzach

*Wo sich Punkt 9/11
befindet, bleibt Ihrer
Fantasie überlassen.*

8/11

Triberg

10/11

60

59

Waldkirch

58

Furtwangen

enzlingen

7/11

2/11

5/11

St. Peter

4/11

Kirchzarten

42

Titisee-
Neustadt

40

41

4

Hinterzarten

39

43

Feldberg

Lenzkirch

1/11

3/11

Todtnau

Schluchsee

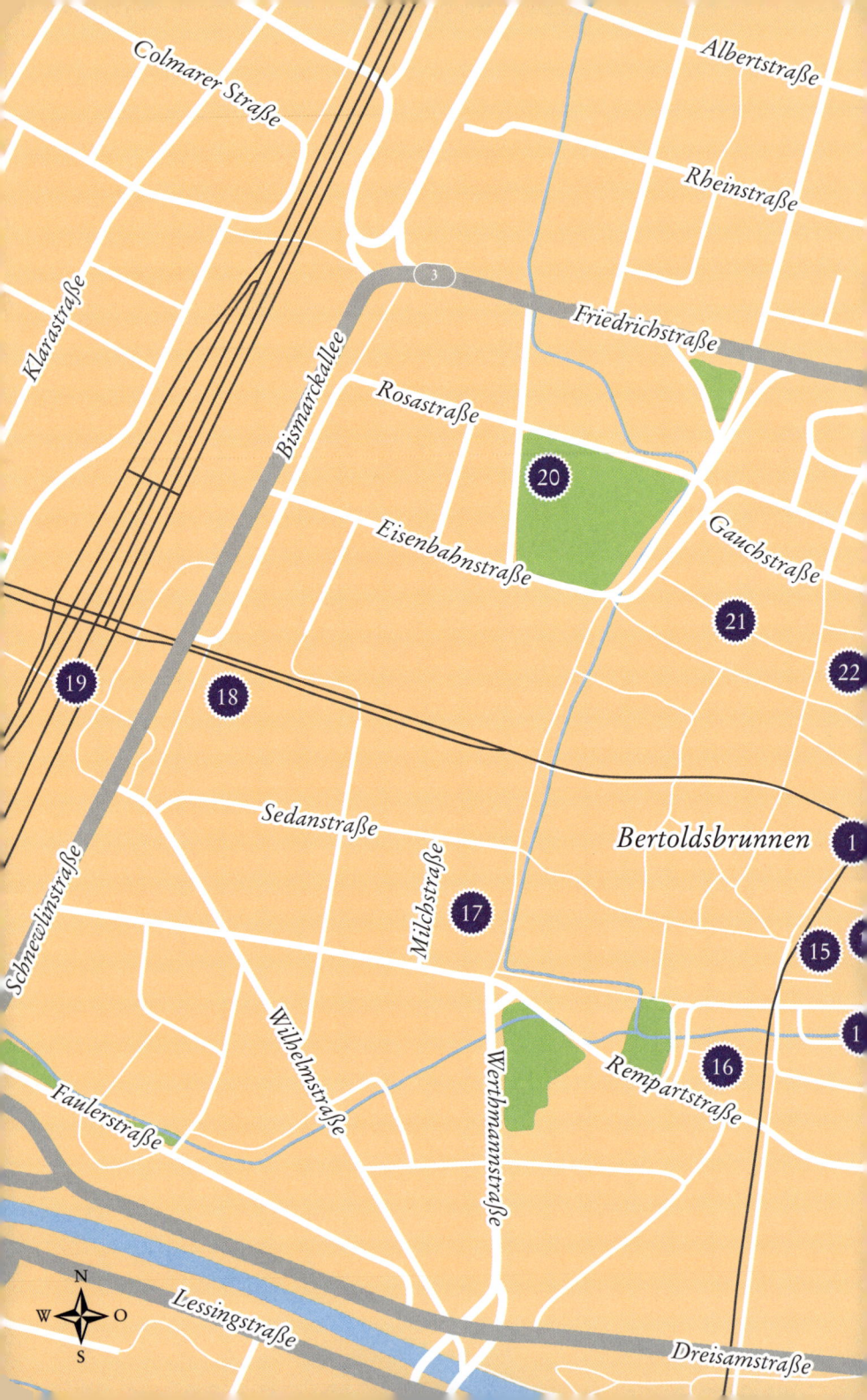

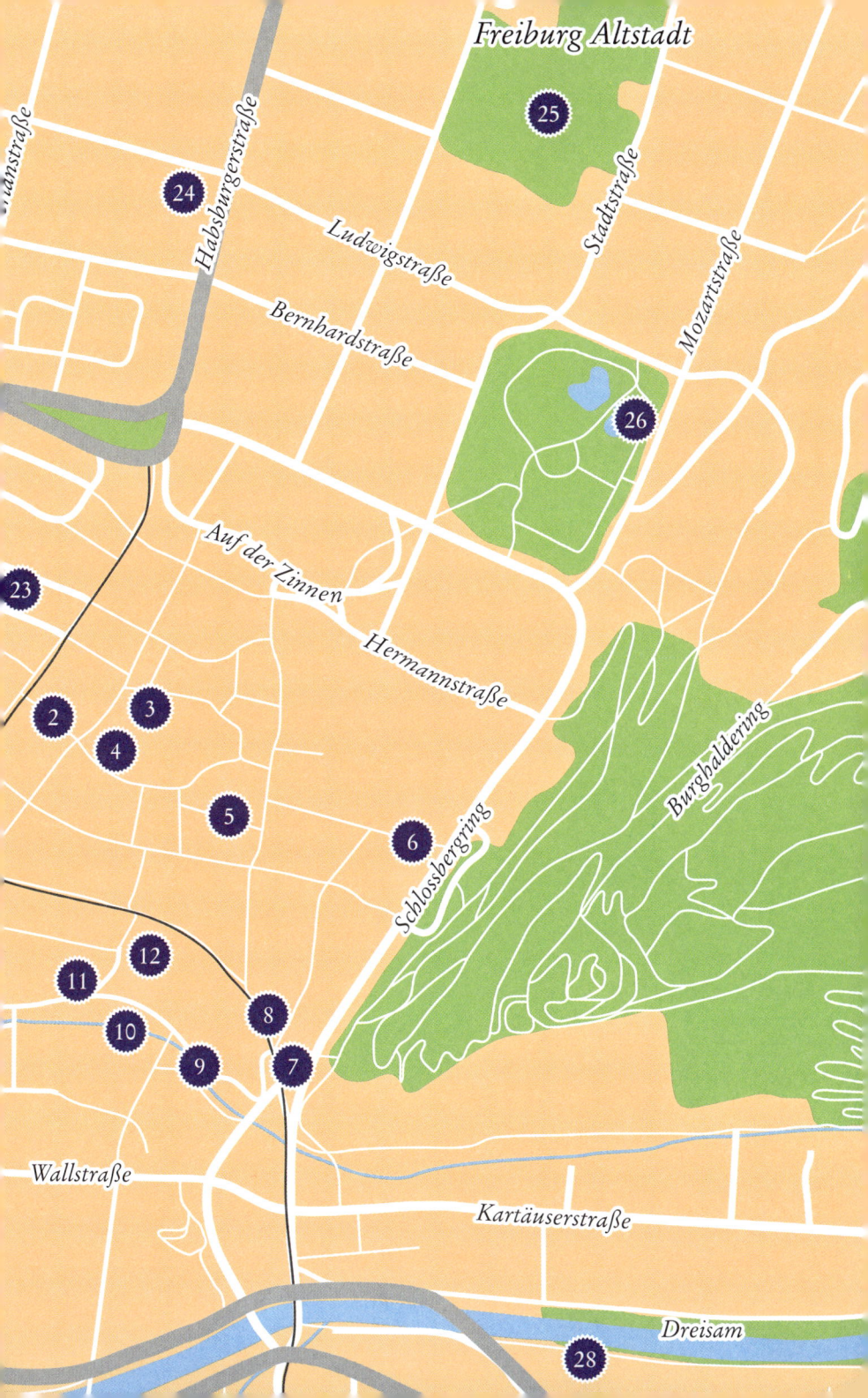

Freiburg Altstadt

REGISTER

THOMAS ERLE
Blutkapelle
. . . .
978-3-8392-1592-0 (Paperback)
978-3-8392-4473-9 (pdf)
978-3-8392-4472-2 (epub)

»Lokalkolorit der den Regio-Krimi
auch für Nicht-Krimi-Fans zum
Lesevergnügen werden lässt.«
Badische Zeitung zu »Teufelskanzel«

Eine tote Stadtführerin auf dem Grab von Goethes
Schwester, kurz darauf ein Anschlag auf den beliebten
Stadtarchivar! Und was verbirgt sich hinter den geheimnisvollen Hinweisen auf ein bisher unbekanntes Manu-
skript des Dichterfürsten?

Für Lothar Kaltenbach, Weinhändler und Musiker,
ist die Ruhe in seiner Heimatstadt vor den Toren Freiburgs empfindlich gestört. Eine erste Spur führt in ein
Kloster, das es eigentlich nicht mehr gibt. Doch Kaltenbach ahnt nicht, dass er längst beobachtet wird …

GMEINER SPANNUNG

WWW.GMEINER-VERLAG.DE
Wir machen's spannend